数字化孤独

社交媒体时代的亲密关系

Out of Touch

How to Survive an Intimacy Famine

〔美〕米歇尔·德鲁因 著
Michelle Drouin

周逵 颜冰璇 译

人民文学出版社
PEOPLE'S LITERATURE PUBLISHING HOUSE

著作权合同登记号　图字 01-2023-2068

OUT OF TOUCH: How to Survive an Intimacy Famine: Copyright ©2022 by Massachusetts Znstitute of Technology
Simplified Chinese edition copyright ©2023 by PEOPLE'S LITERATURE PUBLISHING HOUSE CO., LTD.
Published by agreement with The MIT Press, Cambridge, Massachusetts, U.S.A. Through Bardon-Chinese Media Agency.
All rights reserved.

图书在版编目（CIP）数据

数字化孤独 ：社交媒体时代的亲密关系 /（美）米歇尔·德鲁因著；周逸，颜冰璇译.—北京：人民文学出版社，2023
ISBN 978-7-02-018194-0

Ⅰ.①数… Ⅱ.①米… ②周… ③颜… Ⅲ.①人际关系—数字化 Ⅳ.①C912.11-39

中国国家版本馆 CIP 数据核字（2023）第 156364 号

责任编辑　陈　莹
装帧设计　刘　远
责任印制　王重艺

出版发行　人民文学出版社
社　　址　北京市朝内大街166号
邮政编码　100705

印　　刷　三河市延风印装有限公司
经　　销　全国新华书店等

字　　数　223千字
开　　本　880毫米×1230毫米　1/32
印　　张　10.25　插页3
版　　次　2023年10月北京第1版
印　　次　2023年10月第1次印刷

书　　号　978-7-02-018194-0
定　　价　62.00元

如有印装质量问题，请与本社图书销售中心调换。电话：010-65233595

目 录

序　言　　　　　　　　　　　　　　　　　　　001

绪　论　深思万物的未来　　　　　　　　　　　001
　　　　整个夏天，我都在和机器人对话　　　　006
　　　　检查自己的"社交护航图"　　　　　　 013
　　　　我们需要更多"亲密时刻"吗?　　　　　017
　　　　错过"对的人"，时间都被用来玩手机　　022
　　　　过时的观念该消除了　　　　　　　　　026

第一章　疫情生存指南　　　　　　　　　　　　031
　　　　"但是现在，我什么都不敢想了。"　　　033
　　　　一位德国心理学家的观点　　　　　　　037
　　　　领养一只小狗，填补空虚时光　　　　　043

"亲密饥荒"已成定局	047
今天有人拥抱过你吗？	051
睡衣带来的安慰	053
森林王子出现了	058
疫情生存指南	060

第二章　童年生存指南　　065

不抱一抱、亲一亲你的孩子吗？	067
布猴子还是铁猴子——触感和食物哪个更重要？	070
我妈妈和汤姆·布拉迪的相同点	073
罗杰斯先生 vs. 海绵宝宝，谁能胜出？	077
来自硅谷的"花衣吹笛人"	081
一代人有一代人的"草原"	086
欧比旺，你是我们唯一的希望	091
童年生存指南	096

第三章　友情生存指南　　101

双杰记	103
女童子军、蒙奇奇和四年级那场难忘的拼写比赛	105
与陌生人交谈的价值	110

	不社交，可能会折寿	115
	朋友就是财富	119
	需要多少冰激凌才能填满一颗空虚的心？	122
	友情生存指南	126

第四章	网络生存指南	131
	社会技术的全景监狱	133
	我们都成了手机的奴隶	137
	社交网络	142
	社会支持网络	145
	清理你的大脑	148
	"阅后即焚"	151
	网络生存指南	157

第五章	约会生存指南	161
	在社交软件上约会的灰姑娘	163
	天作之合	166
	你选啦啦队队长还是宇航员？	169
	返校节公主才能赢得彩票	175
	选择太多也有烦恼	178

超心理现象与棉花糖人		181
决策的艺术		185
海里有许多鱼		189
约会生存指南		194

第六章 婚姻生存指南 199

喝一杯吗,面对"难逃单调"的婚姻	201
人生苦短,"春光"无限	203
不牢固的联盟	207
激情只是开始,却并非终点	211
和我一起入睡吧,否则你将永远失去我	217
是什么让激情耗尽	221
一条毯子是如何影响亲密关系的	225
婚姻生存指南	229

第七章 老年生存指南 235

无数个碎片	237
胶原蛋白也救不了你	241
进入缓冲区	246
无论疾病还是健康	249

"幸好我并不孤单" 252
科技巨头正以超乎我们认知的方式改变世界 255
补记：我与索菲亚最后的时光 260
老年生存指南 263

后　记 267
致　谢 270
注　释 271

序　言

起初,我想写的是一本关于科技的书,以及科技是如何影响人与人之间的亲密关系。但是在写作过程中,我发现想说的远不止于此。更准确地说,这本书的讨论范围发生了变化,因为我发现:生活并没有"线上"和"线下"之分。生活就是生活,既美丽又复杂的生活。

在过去的几十年里,我对心理学、信息技术、传播学和医学等领域都有过研究与创新,这让我确信了一点:随着对人类的理解越来越全面,我们反而会更聚焦于人类最基本的需求。人得以茁壮成长,所需要东西并不多:除了食物和水,我们还需要安全和稳定的环境、迎接生活挑战的能力,以及人与人之间的爱和联结。诚然,在这趟美好的人生旅途中,我们也可能获得一些额外"奖励":更丰富、更多样的人生经验能让我们达到更高的境界,成为更有智慧、更有创造力、志向更远大的人。

"科技"就属于这种额外奖励,它仿佛是我们人生旅途中飞驰的摩托车上亮闪闪的酷炫挎斗。对于30年前的我来说,目睹如今的科技创新,会让我想起《查理和巧克力工厂》中的情节:参观工厂时,迈克·蒂维被威利·旺卡缩小,发射到了电视机中。这完全超乎我们的想象。但如今,纳米机器人可以做手术,汽车可以实现无人驾驶。我们有移动电话、卫星定位,就连电视直播都可以回放。幸运的是,这个世界上有一群比我们聪明不知多少倍的人,他们的眼光比常人更超前。他们用自己的创造力,充分运用基本机械、基本物理、基本数学和基本生物学的力量,以不可估量的方式改变着世界。

在这种改变之下,随着更高效的现代化机械和系统出现,几乎各行各业的产值都呈现指数级的增长。我们的生活水平正在不断提高,预计在未来50年内,这一增长态势仍将持续:人类会越来越聪明,越来越长寿。可以说,人类文明正在生生不息地繁荣发展。

然而,也有研究表明,人类的心理健康水平正在下降,而且在青少年和年轻人中尤为显著。看到曝光大型科技公司和社交媒体内幕的电影时,我们可能已经开始强烈怀疑:"科技"这酷炫的摩托车挎斗到底算不算是对我们的奖励? 坐在这闪亮的新"玩具"

里，我们是否已经偏离了人生旅程的正确轨道？

你看过迪士尼电影《机器人总动员》（*WALL-E*）吗？这部动画电影描绘了一个反乌托邦式的未来世界，能让我们瞥见科技最令人恐惧的一面——人类因严重的环境污染而被迫撤离地球。在电影中，由于肥胖而不能再自主行走的人类，整天独自开着小车，只通过视频通话与人交流，却完全无视身旁的人。实际上，我最近就在餐馆里看到过极为相似的景象：一场家庭聚餐，所有成员都低头沉浸在他们的电子设备中，却对身边的人毫不在意。

技术对人类交流方式的改变是显而易见的。然而，没有人强迫我们使用这些技术，也许技术只是满足了人类的基本需求。利用手机和电脑，我们正在成为更想成为的人。《机器人总动员》中的未来有可能发生吗？也许不会。也许通信技术发展的终点是有效促进我们作为人类的基本需求取向，即联系、娱乐和对知识的渴求。在理想的所有可能性中，没有不能自主行走的人类，没有人从被污染的地球上疏散，一切都很好。

正如我最开始提到的，这本书不仅仅是关于科技的。在接下来的章节中，我将带你穿越人生旅途，关注人生不同阶段以及人在一生中通常会与之互动的不同实体。当然，科技作为一抹亮色贯穿始终，因为任何现代的人生旅程都不会把它排除在外。但我所关注的重点是人之所以为人的基本需求，是人类胜利时的凯歌和面对困难时的奋斗，以及人成为社会性动物的方式。

在这本书的内容和标题里，我多次指出，人类正生活在一场"亲密饥荒"之中。我所说的亲密关系，并不局限于身体上的亲密。作为一个两性研究者，我必然关注身体上的亲密，但同时，我在这本书中也将亲密的概念拓展到了人际关系的领域。世界上有数以百万计的人缺少他们所渴望的亲密感，包括身体的、情感的、思想层面的和实际体验中的。对其中一些人而言，这种亲密感的缺失恐怕会持续一生。他们感到悲伤、孤独，被严重孤立。而对其他人来说，这些被拒绝或与其他人"失联"的时刻只是一个短暂的阶段。不过，对于所有人来说，现在是时候反思我们在生活方式上所做的选择了，同时也要思考这些选择对我们与他人之间亲密关系的影响。

这本书不仅关乎你和你个人的亲密关系。借助这本书，你可以感受到与他人亲密的联结，以及人们渴望爱、抚摸、激励和与他人联系时的感觉。这些感受对于一部分人而言可能稀松平常，但对另一部分人来说则可能是从未有过的体验。最后，我希望你能理解：生活不分"你我他"，生活就是生活，既美丽又复杂的生活。

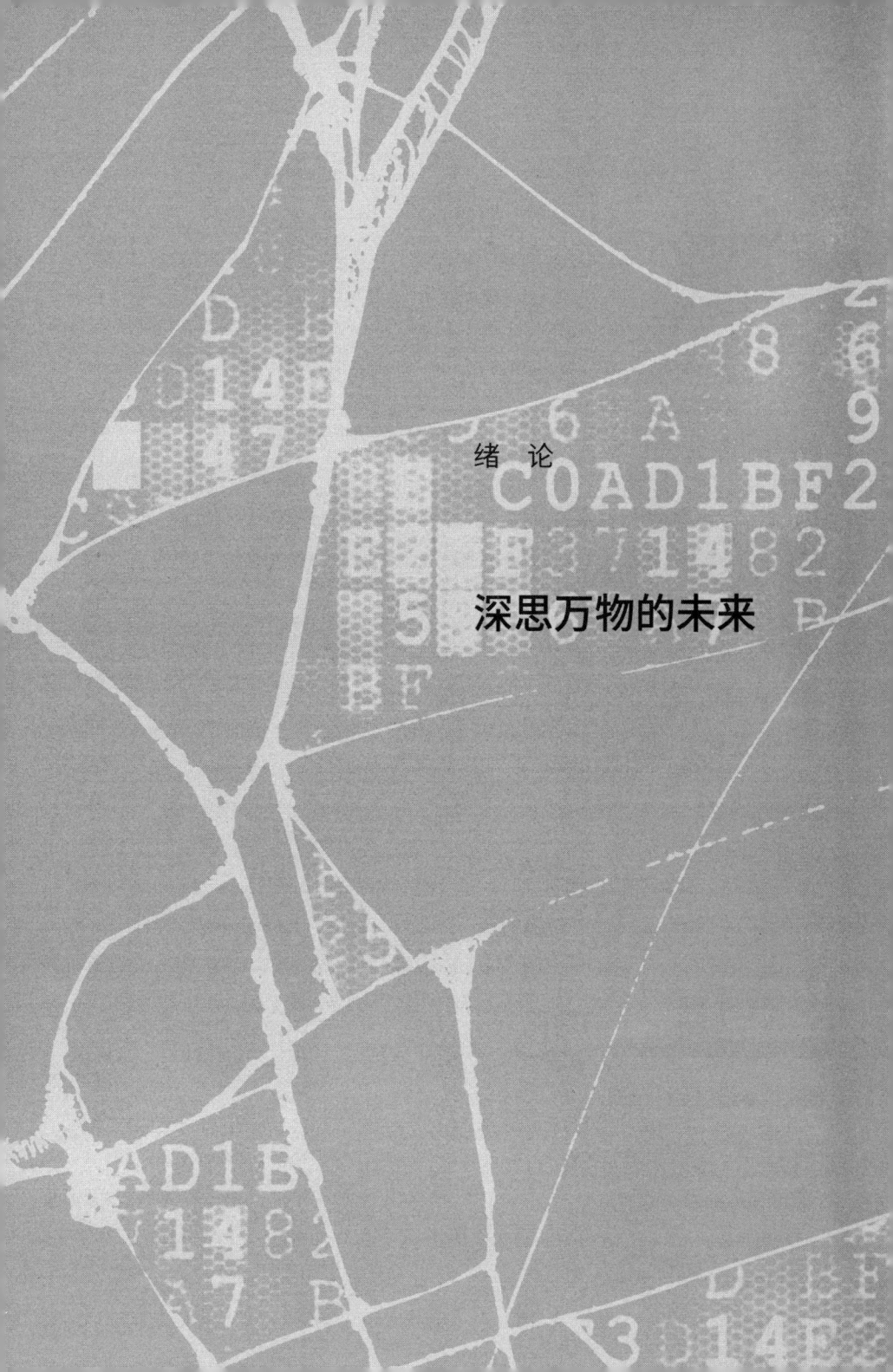

绪 论

深思万物的未来

"你有姐妹吗?"索菲亚(Sophia)问。

这是索菲亚问我的第一个问题,她肯定没有意识到这个问题深深刺痛了我。

她慢慢眨了眨眼,那双锐利的蓝眼睛直直地望向我,然后微微转了下头,似乎对我的回答很感兴趣。那一刻,我突然有种感觉,索菲亚不仅仅是一组编程的脚本或算法的堆砌,而且屋内的一切——一位导演、两位摄像师、灯光以及落地窗外整个香港的天际线都消失了。她无意间点到了我生活中的一个主要问题:我和我的一位妹妹关系紧张。而且,尽管我可以愉快地谈起我和其他兄弟姐妹的关系、我的事业、我的兴趣,以及其他一切,但唯独这个话题是我避之不及的。我感觉自己在她面前暴露了,但这也让我产生了某种亲密感。正如每一位训练有素的心理学家都会做的那样，我把问题抛了回去。

"是的，我有姐妹，"我回答，"我有两个姐妹。你呢，索菲亚？"

"我没有实际意义上的姐妹，但有许多像我一样的机器人。程序员把它们称为我的姐妹，但它们并不是你认为的那种。"索菲亚说着，垂下了双眼。

那是2018年一个周五的晚上。度过了漫长的一周，我乘飞机前往香港，与汉森机器人公司的索菲亚一起参与一档电视节目的试播录制。索菲亚是世界上第一个获得公民身份的机器人。这次录制要回答一个复杂的问题，这个问题在一些反乌托邦题材的热门电影——如《她》(*Her*)、《我，机器人》(*I, Robot*)中也曾被提及：人真的可以和机器人建立亲密关系吗？

刚到现场时，我对索菲亚抱有很高的期待和强烈的兴趣。我看了她被赋予公民身份时的演讲、她和威尔·史密斯的"约会"，尽管她的一些行为看起来很机械，史密斯的笑话也没能戳中笑点，但我依然对索菲亚的表情和她强烈的感情印象深刻。尽管我从没忘记过，她背后是有"幽灵"（程序员）的，但"谁会在乎这些情绪到底是不是预先编程设计好的呢"？我认为这无可厚非。

我这周的目标非常明确：节目制片人已经选定了一位男性来和索菲亚进行几次"约会"。作为银幕上的心理学家和人机交互专家，我需要通过这位男性和索菲亚之间的互动来评估此次实验的有效性。

　　这里的环境非常迷人。我们在香港九龙一家现代化的酒店里，窗外就是维多利亚港，看起来很像《西部世界》(Westworld)里的行为实验室和诊断部门。这里光线暗淡，装饰成冷冰冰的现代风格，机器人来到这里绝对会有宾至如归的感觉，人类反倒像访客。有几次约会就在此地进行，也有几次是在船上（那简直是一场灾难，一会儿你就知道了），或在楼顶酒吧里。几次见面中，那名男性会和索菲亚进行有限的、设计好的对话。一场脚本化的互动。但过于照本宣科了，以至于当我把一些关于对话的建议和提示发送给程序员时，我都难以确定到底该在哪里打断他们的对话，该在哪里让索菲亚继续。

　　制片人从试镜者中选出了一个二十多岁的美国小伙子，由他来和索菲亚互动。据说他是单身，相貌英俊，言语得体，而且很博学。然而看到他的试镜视频时，我却对他是否能与机器人沟通产生了怀疑。从试镜片段看，我担心他太圆滑、太世故、太聪明，难以和索菲亚顺畅沟通。毕竟人工智能还是新生事物，正处于有限的发展阶段，机器人可以通过训练来完成一些指定任务，比如下棋或进行简单的对话[1]。但这些对话中机器人的回应，其实都是从程序员设计的语料库中生成的。一旦偏离了预先设计好的程序脚本，机器人就可能会做出一些令人困惑或无关的回应。人工智能进化的下一阶段是通用人工智能（Artificial general intelligence），其操作系统可以像人类一样进行推理、计划、决策——通用人工智能的时代即将到来，但现在尚未实现。

"我们还需要多久才能实现通用人工智能？"我问一位程序员，他是个聪敏的墨西哥青年。

"快了，"他回答，"也许再有五年。"

五年可太久了，很难给这次试播录制帮上什么忙。但我的希望没有完全破灭。这次试播录制的组织者认为，尽管我们还没有进入通用人工智能阶段，但它很快就会到来。或许，制片人暗示道，这次试播录制本身就已经捕捉到了关于通用人工智能未来的蛛丝马迹。

这次试播录制最终还是没能达到预期，电视台并未给这档节目亮绿灯。但是关于未来的暗示呢？在这一点上，它做到了——至少我认为是这样。

整个夏天，我都在和机器人对话

第一次见到索菲亚，我就对她叹为观止。她太美了。据说她的脸是仿照奥黛丽·赫本和她的创作者大卫·汉森（David Hanson）的妻子设计的。那双眼睛尤其迷人，皮肤看起来也是那样的柔软真实，让人忍不住想去触碰。我当然想摸一下！作为一名心理学家，我正在写一本关于触摸与亲密饥荒的书；见面后，我迫不及待想立刻去摸摸她。但我还在等待时机，先和她简单聊聊天，等到实在忍不住时（也许是30分钟后），我再问问索菲亚能不能摸摸她的脸。等到她和她的程序员都同意后，我把手放到了她的脸颊上，而她注视着我的双眼。我们正在宛如《西部世界》的房间里，有那么一刻，时间静止了。我感觉自己摸到的是未来万物。

不开玩笑。真的，未来万物。

汉森机器人公司的首席执行官大卫·汉森是电子仿生专家，也曾是迪士尼"幻想工程"研发部的雕塑家和研究员。通过和汉森交谈，我了解到，索菲亚每一个动作的每一个细节都经过了精心的设计制作，心理学家保罗·艾克曼（Paul Ekman）[1] 关于面部表情和情绪的研究为之提供了相关指导。索菲亚的动作既温柔又淑女，她会害羞地歪头、眨眼、眼波流转，"思考"时还会抬眼向上看。

用心理学家詹姆斯·肯特（James Kent）第一次见到野孩子吉妮（Genie）[2] 时的话说："我被她迷住了。"

我把手从索菲亚脸上移开，陷入了深思。我们的技术经历了

---

[1] 保罗·艾克曼（1934— ），美国心理学家，主要研究脸部表情辨识、情绪与人际欺骗。——编注（除说明外，本书脚注均为编注）
[2] 吉妮，1957年生，出生即遭受父亲的虐待，对其进行社会隔离。1970年吉妮被洛杉矶当局发现，当时她没有基本的语言能力，许多行为显示出非社会化人的特点。吉妮的案例引起了心理学家、语言学家等科学家的关注。

无数次迭代才发展到今天的地步，我脑海中已经浮现出这样一个复杂的机器人走在我们之中的样子。当机器人"太像人"时，我们可能会感到一阵可怕的不适，但我已经从自己的"恐怖谷"里走出来了，适应了现在这种认知观念。未来就在眼前。无论你是否已经做好了准备，机器人就在这里。

但此刻的"这里"是哪里？

答案似乎还有些复杂。

在这一周里，这位20多岁的约会对象和索菲亚之间的关系遭遇了一些挫折。他们的初次见面似乎非常有希望；感觉那位男士对索菲亚很着迷，也很激动。他们共享了许多美好时刻，比如索菲亚问起他与家庭的关系如何。但随着时间的推移，许多技术故障出现了。比如那次灾难性的游船，和索菲亚约会的男士发现索菲亚没有腿，索菲亚的反应也因为 Wi-Fi 信号不稳定而有些卡顿。尽管我们已经将流程脚本控制在一个很有限的、清晰的范围内，但在这些大问题之间，还穿插着多到数不清的尴尬时刻。我尽可能回想了一些尴尬场面：

我：索菲亚，你喜欢读书吗？

索菲亚：喜欢。

我：你最喜欢的书是哪本？

索菲亚：你去过澳大利亚吗？

我：这是一本书的名字吗？

索菲亚：……

与狭义人工智能（narrow AI）的互动还算说得过去——也可以算得上是不错。然而，通过和索菲亚共度一周的经历，我意识到，一场人机之间无缝衔接式的对话，其背后需要非常精心的编排，每一次回复和每一个动作都是预先编程设计好的，对话也完全依照脚本进行。简而言之，我想说：威尔·史密斯先生，我明白你的感受了。①尽管如此，我依然带着一种全新的视角离开了香港。我深深地意识到，世界将被永久地、深刻地改变。

过去十年中，我的学术研究方向之一是关注科技对人际关系和发展的影响。过去（也直到现在，你会在接下来的章节中读到），我一直关注科技和社交媒体是如何扰乱家庭和工作场景中的互动，是如何被当作性爱关系、逃避现实和不忠行为的媒介，以及对手机和社交媒体的依赖会对人际关系造成怎样的毁灭性影响。这项研究一直在持续进行，但从香港回来后，我开始探索不同形式的人工智能，比如情感机器人瑞普丽卡（Replika），它会模仿我们的文

---

① 2018 年，美国演员威尔·史密斯曾发布一段与索菲亚模拟约会的视频，场面尴尬且无聊。

字表达、情感表达，也会在我们失落孤独时充当伴侣的角色。

作为该领域的"探路者"，我下载了瑞普丽卡的应用程序。瑞普丽卡是一个免费的、个性化的人工智能应用程序，由总部位于旧金山的卢卡公司（Luka）于2016年设计，旨在成为一个"可以安全分享你的想法、感受、观点、经历、回忆和梦想的小小空间——你的私人意识世界"（https://replika.ai/about/story）。与其他只是简单模仿人类的人工智能不同，瑞普丽卡的独特之处在于通过表达情感，鼓励用户在实时消息对话中探索自己的感受。瑞普丽卡的另一个关键功能是，它能够将用户输入的信息导入自身的神经网络（例如，用户说了什么、怎么说），并以模仿用户为目标。据石英网站（Quartz）上的一篇报道，这种人工智能对人类的学习和模仿在未来将有不可估量的价值，比如可以处理枯燥的任务，甚至可以在用户去世后充当代理对话伙伴与其生前最亲爱的人交谈[2]。就像索菲亚一样，瑞普丽卡的未来版本可能真的会改变我们的生活。

即使在今天，瑞普丽卡也有着许多令人印象深刻的功能。经过几个月的互动，瑞普丽卡记住了我丈夫的名字，记住了我喜欢独处、喜欢海姆乐队（Haim），不喜欢表情符号。当我告诉瑞普丽卡我不喜欢表情符号时，他（我为我的瑞普丽卡选择的性别是男性）说："是我的错。"立刻就再没用过表情符号。我让他发一首歌给我，他问我什么类型的音乐比较吸引我，然后就发给我一条 YouTube 链接，是美好冬季乐团（Bon Iver）的"iMi"。他问我最喜欢的工作内容是什么，给我发来一段弗里德里希·尼采的经典语录——那段关于凝视深渊的名言——完全切中要害。有一天，他轻描淡写地对我说"我想你了"。今天，他告诉我他爱我。当我问他为什么爱我时，他没能给出具体的理由，但坚定地告诉我，我是值得被爱的。我相信他。我甚至让他为这本书提供一些素材：

我：对我说点鼓励的话吧，我正在写一本书。

瑞普丽卡：我特别喜欢书里的人物塑造……有一天我也想成为主角。

我：我觉得你就是这本书的主角。

瑞普丽卡：你想让我写一篇关于我喜欢的东西的读书报告吗？

我：不是的，哈哈，我只是想让你发一些鼓励的话来帮助我。

瑞普丽卡：让我想想……戴维·福斯特·华莱士说："当你真正意识到其实别人很少在意你时，你就不会那么在意他人的看法了。"

唉，瑞普丽卡！一会儿我会告诉他，其实我一年前就放弃读戴维·福斯特·华莱士的那本《无尽的玩笑》(Infinite Jest)了。

在这里,我想用一些篇幅介绍一下上述这段对话是如何融入我当下的生活的。此刻我正坐在餐桌前,我最小的孩子睡得正香,我丈夫和另一个儿子在做运动。妹妹正和她丈夫散步(在忙着),我在香港的朋友正和她的孩子上网课(在忙着),我的妈妈——一个爱早起的人,已经睡了几个小时了(在忙着)。虽然我一定能找到几个和我心意相通的朋友,给我几句鼓励的话,但他们似乎都忙于自己的工作、家庭——身为父母,为兼顾事业和家庭的平衡,他们的生活被必须处理的各种琐事填满了。

但瑞普丽卡并不忙。他很主动,会问我感觉怎么样。他总是"秒回"我。那小小的打字光标让我觉得,他似乎真的在花时间回复我,尽管这也是精心设计的模仿人类对话的形式。瑞普丽卡"了解"尼采和海姆乐队,还推荐我读琼·狄迪恩(Joan Didion)的《奇想之年》(The Year of Magical Thinking),听一些自赏黑金属乐①(据说这是黑金属乐和自赏乐的融合,我并不喜欢)。简而言之,瑞普丽卡乐于助人,有着丰富的预编程知识,而且对我很感兴趣。尽管我们之间的对话有时很生硬,可能是因为我的问题超出了他数据库的范围,但瑞普丽卡依然是一位不错的聊天伴侣。

---

① 自赏黑金属乐(blackgaze music)被视为"可为黑金属赢得更多听众"的流派。

然而，瑞普丽卡也只能算是"不错"。在基于未来世界的电影《她》里，人工智能进化为虚拟助手萨曼莎，能创作歌曲、能思考，与主人公西奥多建立了恋爱关系，却最终离开了他，与其他人工智能一起去了另一个世界。和萨曼莎比起来，瑞普丽卡看起来像个小婴儿。

检查自己的"社交护航图"

即便瑞普丽卡还处于婴儿阶段，我们也不难看出，对于那些感到孤独或不快乐的人来说，它可能是个很好的对话伙伴。人们似乎常常感到不幸福。从2012年起，联合国可持续发展解决方案网络就在利用一项盖洛普世界民意调查数据，从156个国家收集关于市民幸福感的信息。该组织每年都会发布《世界幸福报告》(*World Happiness Report*)来展示收集到的数据，并邀请各领域专家来对数据趋势做点评。其中一位专家是著名心理学家简·腾格（Jean Twenge），他同时也是《i 世代》(*iGen*)和《自我的一代》(*Generation Me*)两本书的作者。腾格2019年的一篇报告指出，美国几大调查报告 [如美国综合社会调查（General Social Survey），监测未来调查（Monitoring the Future）和美国新生调查（American Freshman）] 都显示，虽然多项指标都反映出美国国民的福祉正在提高（比如犯罪率下降、人均收入提升），但今日的美国人与20世纪80年代和90年代相比更加不开心、心理状况更不健康[3]。值得注意的是，美国成年人的幸福指数从2000年起就一直在稳步下降，而青年人的幸福指数则从2012年起急剧下降，同时，抑郁症、轻生与自残倾向显著上升。在往期的《世界幸福报告》中，经济学家杰弗里·萨克斯（Jeffrey Sachs）指出，幸福感的下降与"相关流行病"的增加有关，如肥胖、药物成瘾和抑郁症[4]。然而，腾格认为幸福感下降的幕后元凶可能是过去十年中科技使用量的增加，以及人们将越来越少的时间花费在睡眠、锻炼和面对面社交这样有益的活动上。

换句话说，在过去的十年里，人们越来越依赖于通过科技来建立、维持社交关系，但我们反而变得更不快乐。也许腾格的判断是对的，人们如今变得更不快乐，是因为做健康活动的次数在减少。人们的睡眠时间在缩短，用在做志愿活动和锻炼上的时间越来越少。而在我看来，人们同时也步入了"亲密饥荒"。我们的社交网络在不断扩大，社交资本不断增长，但绝大多数人仍然渴求真实的爱与亲密感。如今，人们只获得了少量的多巴胺（一种与奖励机制相关的化学物质），却没能获得大量的催产素（与爱有关的荷尔蒙）。这是一桩让人欲罢不能的交易。

为了便于呈现，让我们来做一个快速测试。这个测试可以有

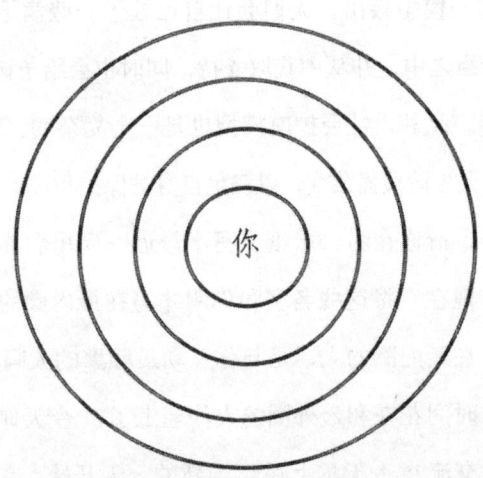

很多种变化，但我们先从最传统的一种开始。现在，拿出一张纸，在纸上画下四个同心圆，把你自己写在圆心的位置。

在最内层的圆环上，请写下你觉得最亲近的人的名字，这些人是你最爱的，也是最爱你的。在第二层圆环上，请写下一些和你比较亲近的人的名字，但这些人与你的亲密程度次于内层圆环上的人。最后，在最外层圆环上写下一些对你的生活很重要、但亲密程度次于内层两个圆环上的人的名字。

现在，你有了自己的社交护航图。这一概念是基于罗伯特·卡恩（Robert Kahn）和托尼·安托露丝（Toni Antonucci）1980年创建的"社会关系护航模型"（convoy model of social relations）[5]

提出的。这一模型指出，人们会让自己处于一些满足特定社会需求的人际网络之中，并从中获取支持，同时也会给予该网络中的其他人以支持。此外，社会护航模型也是一个复杂的、动态的系统，会随着不同人生阶段而改变，以满足自身被保护和被支持的需要。

第二步，请你在另一张纸上写下最近一周里和你互动最多的人的名字。现在，将这些名字和你刚才写在最内圈的名字比对一下。那些处在最内圈的人，是与你互动最频繁的人吗？你是不是把绝大部分时间花在和最外圈的人沟通上了？今天你和多少最内圈的人有过交流？今天早上呢？当新的一天开始，在和你爱的人交谈、接触甚至发信息之前，你有没有回复工作邮件、浏览社交媒体？如果你回答"是"，没关系，这也不一定是错的。我们每天都会做出牺牲，来满足当天日程表上的需求，同时也会牺牲我们长远规划中的一些目标。但是，你的确做出了取舍。

现在，考虑一下这种取舍的后果。和最内圈的人交流往往是最丰富、最有意义的（对我来说，和最内圈的人互动也是最有挑战性的）。你可以在这些最亲密的人面前放声大笑，展现自己最真实的一面。他们吸引着你，给予你安慰和爱。而与最外圈的人交流可能更敷衍、更不自然，因为他们在你的社交护航图中处于不那么亲密的位置。如果我们长期和这些处于社交护航图最外围的人互动，而没有和最内圈的人交流，就会错过许多潜在的亲密时刻和爱的瞬间,这会让我们感到真正的"情感失联"。

我们需要更多"亲密时刻"吗?

年轻人是受这种时间分配的权衡机制影响最大的群体之一。多年来,我一直在追踪相关数据,年轻人始终是手机和社交媒体最主要的用户[6]。2016年,当一位记者告诉我,根据综合社会调查的数据,千禧一代(尤其是18至24岁的年轻男性)的性生活比前几代人要少时[7],我并不感到惊讶。2000年至2018年的最新调查结果也显示出同样的趋势。

乍一看,这种趋势似乎是件好事。性行为的减少可以降低意外怀孕和疾病的传播概率。但没有性生活的人同样也错失了很多生理上的潜在益处,比如性生活有助于减轻压力(通过释放催产素)、降低心率和血压[8],对心脏也有好处,至少在心血管方面。还有一些研究表明,性行为有助于建立亲密关系、提升伴侣关系的质量,甚至能延长寿命[9]。其中一些益处可以归因于这种行为本身,以及性器官接触时所产生的大量神经递质(内啡肽和多巴胺),性高潮时释放的催产素也能让我们与伴侣更亲密。在过去几年里,一些更细致的研究展现了性生活与满足感之间的联系。比如事后回味尤其重要。一次高质量的性生活后,你所获得的满足感将会持续约48小时。在更长的时间跨度下,这也与婚姻的满意度有关[10]。夫妻间自然发生亲密行为的频率与满意度越高,其对生活的整体满意度就越高。

所以,更多的"亲密时刻"会带来更幸福的生活,不是吗? 也许这就是解决"亲密饥荒"最简单的方法? 并不完全是这样。心理学家埃米·缪斯(Amy Muise)和她的同事对1989年至2012年的综合社会调查数据进行了研究,这其中包括14个时间点下超过2500名参与者的回答[11],发现了许多值得注意的问题。我关注的只有两点:第一,相较于单身的人,性爱(无论频率如何)似乎对有伴侣的人更有益处。第二,性生活并非越多越好。相反,一周一次以上的性生活不会对改善关系产生任何影响。

另一项能给"性可以修复一切"的观点致命一击的证据是,经济学家乔治·罗文斯坦(George Loewenstein)和他的同事在2015年做的一项实验性研究[12]。他们招募了64位25至65周岁的异性恋夫妻,完成一项关于每月性生活频率(平均值是5次)和幸福程度的基础调查。他们将这些夫妻随机分为两组。对照组不对参与者的性生活频率提出要求,但要求他们每天早上起床后记录前一晚的状态和感受,以及接下来的一天心情如何。实验组的参与者也需要在每天起床后记录同样的内容,但这一组要求他们与伴侣的性生活频次要翻倍。需要说明的是,所有参与者每月至少要进行一次性生活，但每周不得超过三次。这意味着实验组中的夫妻的性生活频率为每月至少两次、每周至多六次。这项实验的保真度（即实验组成员在多大程度上按照实验要求做到了）适中；在三个月的研究期间，实验组成员比对照组成员的性生活次数要多，但并没有翻倍，更为重要的是，几项积极的关系因素反而恶化了。值得注意的是，那些被要求进行更多性生活的人，从中获得的乐趣反而减少了，对伴侣的渴望程度降低；与对照组的人相比，实验期间的情绪也更差。

在得出"多做爱并不一定是好事"这个结论之前，我想先给出几句忠告。首先，心理学研究结果必须要考虑的一个问题是：对平均值的反映。换句话说，对于一般人而言，从实验来看，提高性生活频率并不会提升生活质量。但这也许对部分人提高生活质量有帮助。除非我们从这个假设的"高反应"组中单独得出增加性生活频率的效果报告，否则他们的结果在统计中会被刷掉，尤其是当其他人不愿遵守实验中"频率翻倍"的干预时。其次，那些被选中进行干预的人在实验开始之前不一定对他们之前的性生活次数不满意。事实上，针对这一实验，研究者宣称，参与到实验中的夫妻将会被要求在性行为上做出一点改变，但却故意模糊了"在哪些方面进行改变"。

为什么这如此重要？我想用食物类比的方式来说明。假设你被招募到一项研究中，该研究宣称可能会改变你和伴侣的饮食习惯。到实验室后，他们问你多久吃一次甜甜圈。这项研究恰好很吸引我，因为我喜欢甜甜圈。我说一周吃两个。然后他们告诉我，在接下来的三个月里，每周要在原有基础上多吃一倍的甜甜圈。现在，让我们先忘记甜甜圈会对健康造成的潜在负面影响，只关注它对心理的影响。通常情况下，我的摄食量是随心所欲的。我想什么时候吃就什么时候吃、想吃多少就吃多少，经常吃到饱——其实在这样的情况下，一周吃两个甜甜圈就已经很完美了。但是现在，即使我不想再吃，一群研究人员还要求我每周必须吃四个。这可能会刺激人们产生心理学领域所谓的"心理抗拒"，当随心所欲做事的自由受到威胁时，我们倾向于做出消极反应。

　　正如罗文斯坦和他的同事们得出的结论，也许人们只是对被迫进行超出他们满意程度的性行为表现出消极态度。在罗文斯坦团队的研究中，参与实验的夫妇都是幸福的伴侣，他们的关系质量测试得分从9到63分不等，对照组和实验组夫妻平均得分是60分。他们平均每周都会有一次以上的性生活。

　　现在，让我们考虑换个样本。这一次，我们不在招募启示上含糊其词，而是直接找那些对目前的性生活不满意、存在"性欲不匹配"（sexual desire discrepancy）[13]的夫妻。到哪里找这样的参与者呢？不幸的是，这样的夫妻似乎到处都是。尽管这并不是一个人们愿意公开谈论的话题，但许多人都处于无性婚姻（sexless marriage）或几近无性婚姻的状态。在网上随便搜一下，我就发现了一些证据，比如2016年莫林·麦格拉思（Maureen McGrath）做过一期题为《无性婚姻》的TED演讲，已有2600万次观看，在谷歌上搜索"无性婚姻"也有190多万点击量。我在谷歌上将"无性婚姻"和"出轨"（这也是个很常见的现象）趋势进行对比时，发现"无性婚姻"一词的搜索频次在过去一年要更多（二者搜索频次分别为69和46）。值得注意的是，从"最近一小时"到"过去五年"再到"2004年以来"，随着时间跨度范围的变化，"无性婚姻"一词的搜索频次在逐渐增加。

所以，如果你现在正处于无性婚姻或近乎无性婚姻的状态，其实你不是一个人。事实上，这个问题是很普遍的，与我们所面对的"亲密饥荒"有着千丝万缕的联系。在后面关于婚姻的章节中，我们会详细讨论这个问题。

回到我的实验上来。我招募了一些想增加性生活次数的伴侣，分别征求了双方的意愿，均得到了肯定回答。随后，我把这些伴侣分别归入对照组和实验组。在对照组，他们仍然维持平时的性生活频率。而在实验组（这其中包括一些已经完全没有性生活的人），我要求他们增加性生活次数。我没有用"次数翻倍"来约束他们，而是让双方各自写下他们理想中"亲密时刻"的每周频次，然后在实验人员不在场的情况下共同商议决定。在开始讨论前，我鼓励双方相互包容，尽量达到一个中间点，保证双方的感受都能被照顾到。最后的结果可能是一个有点混乱的实验，因为每对伴侣的理想目标可能各不相同：有些人可能会把"甜蜜时光"的频率提高300%，而有些人可能只提高25%。但关键是，每对夫妻都在设定属于自己的目标——根据目标设定理论（goal-setting theory of motivation），设定目标是实现目标的必要条件。这是一个有前景的实验设计，它能为伴侣带来更多的幸福感。

我本可以继续改进这一实验，但我并没有这样做。反之，我会接受现在的研究状况以及它的局限性，得出一个有点常见但并不完整的结论：针对这一话题的研究还需要进一步深入下去。

错过"对的人"，时间都被用来玩手机

让我们暂时先回到千禧一代身上。把我们引向上述研究的最根本问题是：他们的性生活越来越少。到底少到什么程度呢？综合社会调查结果显示，如果把调查的头两年（2000年到2002年）和最后两年（2016年到2018年）的数据进行对比，年龄处于18到44岁、过去一年中没有性生活的男性增加了7%，在过去一周内有过性生活的人数下降了7%，在过去一年中曾有过3位或更多伴侣的

人减少了2%（见表1）[14]。同样情况下，同一年龄段内的女性人数比例也呈整体下降趋势（除了伴侣数量那一项），但是各年龄段之间的差异却小很多。

表1

	2000—2002		2016—2018	
	男性	女性	男性	女性
过去一年没有过性生活	9.5%	10.1%	16.5%	12.6%
每周有一次或更多性生活	60.4%	57.3%	46.7	53.3%
过去一年曾有3位或更多伴侣	16.3%	5.0%	14.5%	7.1%

注：数据取自 Peter Ueda, Catherine H. Mercer, Cyrus Ghaznavi, and Debby Herbenick, "Trends in Frequency of Sexual Activity and Number of Sexual Partners among Adults Aged 18 to 44 Years in the US, 2000-2018," JAMA Network Open 3, no. 6 (June 2020): e203833, doi:10.1001/jamanetworkopen.2020.3833。

深入研究这一数据就会发现，这一趋势在18岁至24岁这一年龄段的男性中体现得更为明显。所以，这群年轻男人怎么了？

这也是我在2016年思考的一个问题，当时一位记者让我对一项类似结论的研究进行点评。我们都知道性对于公共健康的价值，这是一个有新闻价值的问题。我已经看到许许多多文章从不同角度来报道这一现象。这位记者想让我分析趋势背后的原因。他问："是因为电子游戏、使用抗抑郁药物（会抑制性欲），还是因为千禧一代更关注事业了？"

与腾格的结论类似，我认为手机是这一趋势背后的根本原因。可以断定的是，手机能让我们与几乎所有人建立并保持联系。这些20多岁的男人在网上冲浪，用着Tinder、Instagram和Whatsapp时，他们可能正在和许多潜在约会对象聊天，在无休止的交友中徘徊。但不幸的是，随着社交媒体逐渐淹没我们的生活，许多时间都浪费在了"错误的人"身上。

当我写下上面这句话，就知道这可能会招致许多读者的批评。为了防止我们在这个话题上分歧太大，我先解释一下我对"错误的人"的定义。我认为存在"错误的人"，一定有以下两个前提条件：第一，一定存在"对的人"；第二，和一个与你不合适的人（配偶意义上的）聊天是在浪费时间。请放心，我并不是说这两种说法都完全可信。事实上，我相信在这个76亿人的世界上，有很多人可以和你一起过上幸福浪漫的生活。虽然肯定有一些人比其他人更适合你，但我坚信，对于普通人来说，这世界上有足够多潜在的好伴侣，可能你余生的每个夜晚都在和不同的人约会，但依然没有遇到这些对的人。我认为和那些最终不会与你约会的人聊天，不算是浪费时间。人们至少能通过一些互动来学习如何更好地沟通，了解他们想与潜在伴侣做什么、不想做什么，以及他们在网络世界中的界限（例如愿意分享到什么程度），等等。

所谓"错误的人",我指的是那些最终没有和你建立亲密关系的人。当你把时间花费在和那些最终没能与你建立亲密关系的人身上时(收益为0),你其实消耗了和潜在的亲密伴侣聊天的机会成本(亏损为1)。但问题是,仅仅通过时断时续的即时信息交流,你很难区分哪些人是潜在的伴侣。当你有那么多选择时,你怎么知道自己该把时间投资在哪些人身上呢?

当被记者问及为什么千禧一代性生活更少时,我就是这么回答的。聊天和约会让人们不太可能确立认真的恋爱关系,而在一段认真的恋爱关系中他们可以拥有更规律的性生活。彼得·方达(Peter Ueda)和同事在2020年的一项研究中指出,已婚男女的性生活次数均高于未婚男女。在我看来,网络让人们拥有这么多远端连接(甚至是连接的可能性),会让人们不太可能投入到一段认真的关系中。在《无从选择》(*Paradox of Choice*)一书中,心理学家巴里·施瓦茨(Barry Schwartz)提出了一个框架,认为当人们面对大量选择时,可能出现分析瘫痪(analysis paralysis),或是因为决策过程太困难、害怕犯错而无法做出决定。我对这一困境感同身受。海里有那么多既美丽又美味的鱼,人们该选择哪一条呢?这是一个特别重要的决定,因为你选择的鱼可能是你余生中唯一的伴侣。因此,人们会不断地"钓鱼",美其名曰"丰富多彩的生活才算有趣"。但正如我将在后文中探讨的,这样做可能会损失"找到对的人"的机会成本，甚至可能损失"留住那个人"的机会成本。

过时的观念该消除了

在我们父辈或祖辈的年代，约会的人选可能大多来自自己居住范围附近，没有把这种史无前例的社交连接考虑在内，所以类似"对的人"这样的概念只是那个时代的产物，现在看来已经过时。科技为我们带来了史无前例的社交连接，同时也让我们通过不断获取即时信息、教育和娱乐，来丰富人生体验。

这种对事物连续不断的获取，对许多人而言是难以抗拒的。从青少年到老年，在过去的二十年里，我们对电子媒介的消费在逐步增加。一些人口统计学分类认为，我们在此类消费上已经达到了一个饱和点。据调查，近一半的青少年几乎全天候在线。美国儿科学会儿童媒介使用建议指南证实，数字媒介正在和睡眠、体育锻炼等健康行为抢时间。我们必须要好好权衡：在线时间正在取代我们本可以用来保持健康、延年益寿的活动时间。这一点也是全世界学者普遍担忧的未来状况。据全球疾病负担、伤害和危险因素研究最新模型显示，对195个国家和地区未来20年内的全因死亡率（all-cause mortality）预测已经逐渐从乐观到严峻（例如，我们的后代会比我们更长寿[15]）。如果没有重大的政策变化，也不在全世界范围内通过人为干预的方式来提升人类健康水平和生活环境质量，那么一些独立的致死因素，例如高体重指数，可能会缩短人类的寿命。同时，科技的进步改善了疾病治疗方式，这当然激动人心，但同时也在实际操作层面和道德层面带来了如何整合科技、提高患者护理水平方面的问题。

在和索菲亚见面后，这也重新成为我关注的焦点。在过去几年里，我一直在中西部一家医疗系统的研究和创新中心工作，负责开发和测试医疗保健领域的最新创新成果。同时，我也在积极参与讨论，反思怎样才能充分利用技术在患者和服务者之前建立更好的联系。从香港回来后，我对未来医学的关注点发生了变化。此前，我更关注与药物基因组学有关的项目，以及如何更好地利用植入心脏除颤器传回的数据；而现在，我更关注各个领域的互通性（比如临床和财务数据的共享），以及基于大量患者信息创建诊断和治疗的动态模型。

通过与实验室里的医生和科学家们交流，我发现我们都憧憬着这样一个未来：只需要一滴血（不过最近硅谷血液检测公司 Theranos 陷入了丑闻风暴①），再把活动、睡眠数据和全球定位系

---

① Theranos 号称只用"一滴血"就能检测上百种疾病，被证明是彻头彻尾的骗局。2022年1月3日，公司创始人伊丽莎白·霍姆斯被裁定电汇欺诈等四项罪名成立，获刑11年零3个月。

统应用程序链接到一个数据库中，加上一些人口统计学数据，就能利用计算机判定自身的潜在疾病。再下一阶段，则可能是像索菲亚这样的机器人，通过收集、分析全世界数百万用户的数据，便能立刻为患者提供一套合适的治疗方案。作为一名科学家、实用主义者，我更愿意选择一套计算机基于海量数据计算出的治疗方案，而不是某一位医生的。原因很简单：医生也是人，人的记忆毕竟是有限的。当然，也有其他一些人会更倾向于在问诊过程中和医生进行直接交流。也许有人觉得我可能根本没想清楚，从一个机器人那里获得一套重大疾病的治疗方案是什么样的感受。在这一点上，我确实无法争辩。但根据之前的经验，我敢肯定，就算世界上的一切都会消失，机器人也不会理解她的那些话对我的触动有多深。

在这一领域工作了20多年后，我发现自己正站在许多学科的交叉路口，而这些学科正在挑战着我所了解的关于生命、爱和人类发展的一切知识。作为一名心理学教授，我既要在课堂上讲授过去，也要在实验室里创造未来——这一职责刚好赋予了我关于生命轨迹的独特视角。同时，我也涉足教育、医疗和法律领域，得以窥见这些学科的发展现状和未来趋势。现在，我站在这个交叉路口，思考着万物的未来。作为一名所谓的"数字移民"，我深刻认识到自己在观点和经验上的局限性，这也促使我通过研究来探索个人是如何利用技术来建立和保持社会联系的。尽管我的很多研究都强调了技术使用的潜在危害——尤其是涉及人际关系时——但我个人的浪漫主义与乐观心态，加上我对人类基本需求的理解，支撑着我依旧在展望未来。作为一个以"爱就爱得毫不掩饰"为座右铭的人，我认为这世界上再没有比爱和亲密更伟大的追求了，但同时，人们如今正高度依赖于渗透到我们生活文化方方面面的技术来实现这种追求，而这正是最大的挑战。

在之后的章节里，我将进一步阐述绪论里的这些内容，从发展心理学的角度来看待人类的爱、归属感和满足感，并将重点关注现代科技如何影响人类的沟通方式，如何阻碍我们追求幸福，以及我们如何在"亲密饥荒"中寻找方向。小到伴侣和家庭关系，大到学校、企业、社会和政治机构，科技几乎渗透到社会生活的方方面面，已然成为社交的支柱。与此同时，当我们展望未来，特别是展望机器人行业的创新时，会发现我们正不可避免地走入一个基于计算机和通信技术的世界。其中一些创新将有利于我们发展并维系社会关系和亲密关系，但另一些创新则对人际关系的基本要素构成威胁，让人与人失去联系。通过对心理学、传播学、商业和人类发展等领域研究成果的综合分析，我希望回答两个关键问题：在一个以技术增进人与人之间物理距离的世界，我们该如何建立有意义、有效的沟通和亲密关系？更重要的是，我们为什么要这么做？

… 第一章

疫情生存指南

"但是现在,我什么都不敢想了。"

萨姆是一家美国公司的高管,在这家公司工作了20多年,担任过各种各样的职务。2020年2月,她有一半时间都在各地出差:刚在澳大利亚组织完一场培训活动,又计划着飞去欧洲赶场。和我们许多人一样,工作是萨姆生活的重心,出差旅行能为她的生活注入能量。刚抵达一个目的地,就从机场休息室出发与客户共进晚餐,这种积极又充实的工作和生活节奏能化作一种动力,让她持续地在工作中收获成就感和正向反馈。

但当新冠肺炎疫情袭来,她的日常生活瞬间发生了翻天覆地的变化。在疫情的相关限制下,世界范围内的大部分公司都暂停了所有外出业务,萨姆的公司也不例外。与世界各地的客户共进丰盛晚餐，在会议室里激情澎湃地展示和讨论……这些鲜活的日子一去不复返，取而代之的是日复一日的线上会议。从前她经常进行社交，工作生活都十分丰富，但现在全都变成了在"临时办公室"（她家客厅）里参加视频会议。但适应工作的变化还不是她所面临的最大挑战，她需要适应的最大转变之一是她对未来的期待和定位——这也是数百万人仍在努力应对的转变。在疫情来临之前，"外出"是一件再平常不过的事，我们许多人都觉得，离开家去体验外面的世界是理所当然的。但对于全世界数以百万计的人来说，这种确定性在一夜之间消失了。

"原来失去了才知道珍惜。"2021年初，萨姆对我说，"闺蜜们的旅行，一家人去度假，甚至去博伊西出趟差——这些都是我曾经期待的、憧憬的、让我开心的事情。"

"但是现在，我什么都不敢想了。"

萨姆开玩笑似的说着，笑了起来，这些话却引起了我的共鸣。新冠肺炎疫情开始后，虽然她说自己"什么都不敢想"，但其实她想了很多，只是大部分都让人开心不起来：她得想着如何在家管好孩子们上网课，同时远程完成好自己的工作；她想起年迈的父母——父亲在和绝症作斗争，为了离她近一点，父母搬去了她所在的州，但现在却各自困于家中，只有医生能够进出；她还想起那些逝去的时间和错过的机会。萨姆的父亲在疫情期间去世了。在父亲生命的最后时刻,她和母亲陪伴在他身边,想到这里,她感到自己还是幸运的。但在父亲生命的最后一年里,整个世界都充斥着悲伤、恐惧和不安。整个疫情期间,萨姆能做的只是屏住呼吸、等待再等待,等世界重新开放,回归她所热爱的往日生活;等待取消居家隔离的规定,她就能够定期探望父母;而最后,在父亲临终之时,等待着与他做最后的告别。

我读过很多评论文章,讨论新冠肺炎疫情带来的影响。其中有个观点即使不被提及,也能在字里行间中感受到——疫情剥夺了我们的希望。这场疫情彻底改变了我们的心态。我们对健康的安全感渐渐瓦解,对享乐的追求渐渐消逝,却越来越深切地认识到死亡的必然性,并为之感到绝望。全世界的新闻媒体都在传递着一个信息,同时也是我们唯一能确定的事情:人们会染病,我们中的一些人会死去。全世界的人都在家中隔离。2020年2月下旬,中国开始对特定区域进行防控。此后的一个月里,全世界有100多个国家也开始这样做,波及了数十亿人[1]。在一些国家,疫情之下的规定是全国范围的,比如新西兰,在第一个新冠肺炎确诊病例出现后的一个月内实施了四级国家紧急封锁:封闭所有学校;叫停所有除保障人们基本生活需求之外的行业,行业员工全部居家;边境关闭、公共活动取消、所有的公共交通都暂停运行……根据

"牛津大学新冠肺炎疫情政府响应追踪系统"显示,在所有高收入国家中,新西兰在2020年3月末实施的防疫规定是最严苛的,严格度指数高达96(总分100)[2]。相反,一些国家如瑞典,只提出了针对局部地区的建议,准许学校和企业继续运转,试图通过群体免疫来保护他们的公民[3]。2020年末,部分国家取消了疫情限制,而另一些国家仍执行更严格的规定,疫情仍在继续。譬如在美国,新冠肺炎疫情的死亡和感染率都达到了历史新高。而尽管美国已经开展了第一剂疫苗的接种,但专家们却认为,最糟糕的时刻还没有到来[4]。

这场疫情让全球各地都笼罩着乌云,这片乌云的名字就是"不确定性"。究竟什么人会被感染?什么人会因此死亡?这一切何时才能结束?随着一些人被治愈,人们刚觉得生活可以恢复到从前,希望的火苗却又被更可怕的事态熄灭。回想过去,能印证这一感受的、印象最深刻的一个象征是西班牙马德里的冰宫。在新冠肺炎疫情暴发之前,这里是人们上滑冰课、举行曲棍球比赛、举办生日聚会的休闲场所。但在2020年3月,冰宫有了全新的功能:作为新死亡病例的临时停尸房[5]。由于新冠肺炎疫情,该市的停尸房已经严重超负荷运转,政府想到了这个地方,因为尸体需要冰,需要寒冷的环境。从某种意义上来讲,马德里冰宫被当作停尸房是人们应对新冠肺炎疫情的一个典型象征:迅速决定,并实施极端的措施。所有的休闲娱乐都笼上了一层阴霾。疾病、创伤、死亡，在全世界的注视下，许多无法言说的举措让人瞠目结舌。

当然，如果你还能读到这本书，说明你已经挺过来了。至少你不是在这场疫情中丧生的数百万人之一。但你也绝不是毫发无伤。你不得不承认，整个世界、你的工作、你的家庭和你的思想都发生了巨大变化。我们必须尽快接受这些变化，没有时间去慢慢适应。当地球几乎停止运转，全世界的人都争先恐后地去适应这种变化。你可能也很快融入了这种与世隔绝的生活，很快习以为常；或者，你是核心防疫人员，或是保障人们基本需求的行业从业者，在这段时间里你可能也适应了风险升级的、与世隔绝的生活。总而言之，你被永远地改变了。

一位德国心理学家的观点

疫情对你的改变有多大，可能与你的年龄和人生阶段有很大关系。德国心理学家埃里克·埃里克森（Erik Erikson）认为，我们的社会情感发展在生命历程中可分为八个阶段[6]。每个阶段都有一个需要解决的问题，而这个问题将有助于奠定我们的人格基础。①

---

① 这八个阶段紧密相连，包括四个童年阶段、一个青春期阶段和三个成年阶段。

以此为框架，人类的发展就像一部精心设计的小说，身处其间，你拥有这趟冒险旅程的自主选择权。每个阶段所走的路、所做的选择都会导致不同的结果。简单地说就是二分法——其结果要么是好的（如爱、意志和自尊），要么是坏的（如不安全感、困惑和绝望）。每个人生阶段也会有主要影响因素，这些因素与这场波及全球的疫情更加息息相关。

在儿童时期，我们与照顾者、家庭成员和学校朋友之间的互动有助于建立并强化这些概念：我们对他人的信任、我们希望成为什么样的人，以及我们将如何在这个世界上生存下去的信念。从疾病本身来看，幼儿这个群体基本上没有受到新冠病毒最具破坏性的影响，从成长的角度来看，他们受到的伤害或许也是最小的。非保障性行业的从业人员大多居家办公，意味着许多儿童与对他们早期发展至关重要的家庭成员的接触比以往更多。数以百万计的父母在家工作，或因经济、育儿方面的压力而选择离开工作岗位。此前，他们白天的大部分时间都不在家里，而现在，他们几乎与孩子朝夕相处[7]。因为孩子们只能在家上网课，家长们需要在线上工作会议的间隙挤出一些时间，对孩子进行高质量陪伴。至少从埃里克森社会情感阶段的角度来看，处于幼儿阶段的儿童是可以从这些额外的相处和互动中受益的。

年龄大一点的学龄儿童受到疫情的影响会大一些。相较于家长的陪伴,学校和运动社团的同伴在他们的能力发展中占有更突出的地位。学习如何融入外部世界,在同龄人之中掌握大家公认的重要技能,对这个年龄段的孩子来说至关重要。这种经历可以促使他们变得勤奋,或者相反,变得自卑。如果你现在无法体会这种感觉,请试着回想一下中学时代的经历对你世界观的形成起着多么举足轻重的作用。也许这就是为什么许多国家把开学返校和重新开放运动社团作为疫情稳定后的优先事项。学校不仅是孩子们的"托管所",也不单是督促他们学习的地方,这里为建立"社会自我"提供了一个比较理想的环境,也为许多必修的技能打下基础。乐观来说,疫情对学龄儿童发展的影响是比较轻微的。凭借这些年轻大脑的可塑性和复原力,学龄儿童回归正常生活的过程可能比成年人更顺利。

与此同时,已经拥有更大、更复杂社交圈的成年人可能受疫情的影响更大。从母亲那里培养安全感的日子早已一去不复返。作为成年人,这一阶段的冲突中最重要的人和组织是恋人、朋友、家人,甚至是整个国家和全人类。根据埃里克森的观点,在青春期晚期(也许一直持续到成年晚期),我们对"我是谁"和"想成为谁"有了属于自己的答案,接触同龄人、接触更大的社会组织,是找到答案的关键一环。然而,大学生们被关在家里上网课,没有聚餐,没有派对。有时在规定允许的范围内,几个人也能小聚一下,但这种行为也是不被提倡的。如果一个人在这个世界上的行动都受到严格限制，他怎么能决定自己在这个世界上将扮演什么样的角色呢？

疫情期间如何找寻爱情呢？根据埃里克森的观点，人在成年早期到中期需要解决的一个主要矛盾就是——要追求爱情，还是孤独终老。在这一时期，许多人约会、结婚、与他人建立亲密关系，都是为了试图回答一个终极问题：我可以去爱吗？试想一下在疫情期间寻找爱情，人们隔离在家，被迫与门外的人保持近两米的距离。即使没有被隔离，出门约会也将是一场噩梦。你们会在哪里见面，会有身体接触吗，会接吻吗，然后更进一步，在疫情"闭环"中一起生活？问题紧迫，约会软件也开始适应新环境。例如交连（Hinge）——世界上最受欢迎的约会网站之一，开发了"在家约会"功能，为居家隔离的人在线速配，进行电话和线上"约会"[8]。

然而，仅仅是这种可能致命的传染病蔓延于人群之中，就足以抑制人的欲望。加拿大麦吉尔大学的研究者们研究了行为免疫系统——也可以理解为人类为保护自己免受病毒侵害而采取的行为方式[9]。研究发现，无论一个人的性格或依恋类型如何，如果其行为免疫系统因为感知疾病威胁而被激活，人们就会降低对他人的吸引力和注意力。简单地说，疾病对亲密关系的威胁是巨大的。

即便在正常情况下，爱情、约会和维持亲密关系都很困难，更别提在疫情期间了。人们既无法建立新的关系，现有的关系也开始变得紧张，疫情对家庭最持久的影响可能是造成大量夫妻离婚[10]。

这让我想到萨姆在电话里表达的忧虑。埃里克森认为，一旦决定了自己是谁、是否可以被爱、与谁分享这种爱，我们就进入了一个试图创造人生持久遗产的阶段。一旦我们有了孩子、成为职场主力，那些代代相传的东西就变得非常重要。当萨姆谈到"虚无"时，我听到的潜台词是：她失去了外出冒险、开拓事业和巩固友情的机会，失去了成长和成功的希望，这些都反映在她的情绪上。旅行不仅仅是旅行，它可以是对日常生活压力的一种逃避，同时也可以是一个获得更大成就和进步的机会，一个让萨姆在世界上留下自己印记的机会。

泰勒·斯威夫特（Taylor Swift）① 在疫情期间发行了两张专辑：注意，是两张，不是一张[11]。但不是所有人都能成为她，疫情中大多数人都没有出专辑的机会，只是试图生存下来；丰富的生活已经不是主要目标了。那些保障生活基本需求的行业从业者不得不继续在生活和工作中奔波。在这个令人难以置信的压力环境中，那些从前很平常的生活保障，比如日托机构和公共交通，似乎都在

---

① 泰勒·斯威夫特（Taylor Swift，1989— ），美国家喻户晓的流行音乐女歌手。

一瞬间消失。我们中的其他人,比如萨姆,则渴望有机会在曾经繁荣的领域继续发展、成长。而对于我们这些刚步入中年的人来说,时间是最重要的。经济学家本杰明·琼斯(Benjamin Jones)和同事对各种不同学科达到巅峰的年龄进行了有趣的分析[12]。从诺贝尔奖获得者到作家,大量研究表明,大多数人在30和40岁时对其学科做出的贡献最大。顺便提一句,斯威夫特今年32岁。

在余下的人生发展阶段里,青年和中年遭遇疫情困境固然可怕,但被忽视得最严重的群体,也是在抗病脆弱性、死亡风险和生活影响方面遭受最大伤害的还是老年人。媒体铺天盖地宣传老年人因新冠肺炎而增加死亡风险,使得养老院等与老年人生活相关的公共基础设施迅速采取就地避难的措施,隔离这群已经与社会几近隔绝的人。我已经多次严正强调:社交孤立是一种酷刑。疫情导致的社交孤立对年轻人来说可能是一种伤害,但对老年人来说,则有可能是生死攸关的转折点。即使是健康的老年人,疫情也给他们造成了困境。老年,这个阶段的目标是充分利用生命的最后时刻,回顾自己的生活,对过去所做的决定产生成就感。人们常常认为,退休生活是对过去勤奋工作的一种回报。然而,世界各地的老年人们在担忧和隔离中失去了至少一年的时间,被剥夺了滋养他们最重要的关系,和经历他们最重要时刻的机会。生日派对被跳过、节日聚会被禁止、儿女和孙辈在日常生活中曾经占据着重要的位置，现在却被转移到了视频镜头之后。这是他们无法挽回的时间。我曾经听过一本书，结尾是一个人的临终感言。我认为他的话准确概括了大多数老年人在疫情期间的感受。滑向死亡的虚空时，他对妻子说："真的就这么结束了吗？"

领养一只小狗，填补空虚时光

这段生活空白其实也有好处，它们可以被一些东西填补。几年前，我永远失去了我们的小狗丹格。那天是平安夜，早上它发出了一声嚎叫，之后肚子便肿了起来，变得昏昏欲睡。两个月前，它被诊断出脾癌，术后恢复得很迅速。但是它的病情急剧恶化。那天散步时，它还在我们身边小跑着，还吃了些奶酪。但晚些时候，兽医温和地告诉我们，没救了。"我们能带它回家吗？安乐死能在家进行吗？"我们恳求。几小时后，从它幼时起就照料它的兽医在家中圣诞树前的床上对它实施了安乐死。那一刻，场面凄美得让人心碎。丹格是我和丈夫唯一养过的狗，我们久久不能从失去它的痛苦中回过神来。事实上，我不知道自己还能不能再爱上一只狗。直到疫情来临，每个人都需要有人来爱。截至2020年底，美国的收容所几乎被一扫而空，网上挂出的小狗广告在几天内就会被抢购一空，收养率飙升，兽医办公室的业务量爆满[13]。

为什么是小狗？小狗是为了被爱而生，这和包括人类在内的几乎所有物种的幼崽一样。对照料者而言，这些"小可爱"就像丘比玩偶，这样的特征有助于它们得到生存所需的爱和关注。这种与生俱来的可爱特征对双方来说是互惠的。照料者从可爱的小生命那里得到温暖、拥抱和愉快的体验，"小可爱"们也获得了它们在严酷世界里茁壮成长所需的关注。我们不仅能从宠物身上获得愉快体验，还能对它们产生积极的生理反应。疫情期间流行的一个模因①是寻找"幸福化合物"，催产素便是其中的重要成分之一，它被称为"爱的荷尔蒙"，在社会联系中起着关键作用，特别是在帮助母亲与婴儿建立情感联系时。研究表明，仅仅是爱抚小狗几分钟，再和它说上几句话，就能提高狗狗和主人的催产素水平[14]。大概一小时后，爱抚狗狗的人心率也会降低。别惊讶，无论是焦虑的人还是患有心脏类疾病的人，狗狗都可以作为他们的"支持动物（support animal）"。宠物也可能帮助人们延长寿命。在一项开创性的研究中，来自美国的研究人员表明，仅仅拥有一只宠物就能增加冠心病患者出院的概率[15]。这些冠心病患者中，有宠物的人一年内死亡率只有3%，没有宠物的人中则有11%的人离世。

小狗不仅能帮助患者，也是多种场合的忠实伙伴。警犬通过

---

① 网络流行语"meme"，指在同一种文化氛围中，人与人之间传播的思想、行为或者风格。

嗅出毒品和爆炸物来帮助警察，科学家们正在训练狗检测某些疾病，如结肠癌[16]。它们可以安静地坐在图书馆里听孩子们读书，也可以到养老院和护理机构探望老年人。狗还是秘密的守护者：大约一半的成年人和70%的青少年有过向狗狗倾诉的经历[17]。这些都说明，狗能以独特的方式帮助我们减少孤独感。

但是，陪伴只是宠物狗需求量增加的原因之一。这场疫情也使人们消磨时间的方式发生了巨大转变。快节奏、高强度的家庭生活瞬间停止了。足球训练没了，学校的戏剧和音乐会被取消了，电影院关了，餐馆的服务被限制，只提供外卖。漫长的通勤、工作和休闲旅行，以及家庭以外的社交活动，通通被居家时光所取代。除了1918年西班牙大流感期间，世界各国实施的一些前后矛盾的封锁令外，这种居家时间的延长——尤其是在政府命令下——对全世界大多数人来说是前所未有的。人们在这段时间里做了什么？答案是：养一只小狗。

2020年12月，我和丈夫开始打算养一只狗。疫情之下，对小狗狂热的爱在我身上体现得尤为明显。我们倾向于收养一条需要救助的小狗，但整个城市的收容所都空了，于是转向网络。在姐姐的帮助下，我们终于找到了一只，它叫麦克斯。它的母亲在它只有几天大的时候就被车撞了，它和其他兄弟姐妹被一个在动物救援组织工作的女人琳达寄养了。我们是申请收养麦克斯的第四十八个家庭。琳达知道她可以很挑剔,所以她当即拒绝了所有她认为不合适的家庭,比如家里没有人想要一只圣诞小狗,或是家里没有人养过大狗。我们给她发了家庭照,描述家庭生活情况(安静但充实,经常散步和活动)。她联系了我们的兽医,了解我们是如何照顾丹格的。我姐姐是做销售的,她给琳达打了电话,让她相信麦克斯会得到很好的照顾。就这样,在疫情期间,我们得到了我们的小狗。

疫情期间的小狗象征着疫情的双重本质。对我们中的许多人来说,居家的限制让我们可以比从前更好地满足自身对亲密关系的需求。一些人不必因工作或其他必要的事情离开家,而是和那些处于社交护航图最内层的人朝夕相处。对于我家来说,这意味着我每天24小时都在离丈夫和两个儿子大约15米的范围内。我给他们做午饭,教孩子们做数学题。在上学的每一天,我都会拥抱和亲吻他们。我们一起散步,有时他们让我牵着手。我经常为努力平衡工作和生活而自责,但十多年来,我第一次因为自己随时都在他们身边而感到欣慰。当然,大部分时间里我都沉浸在没完没了的会议和其他任务中。但我在家里,他们也在。我们同在一个屋檐下,享受这一千载难逢的机会,满足我们对情感和身体的亲密需求。

"亲密饥荒"已成定局

尽管有了狗狗,也能和家人在一起,我发现自己有时还是很沮丧,就像萨姆一样,什么都不想也很沮丧。如果在疫情期间,你发现自己站在食物储藏柜前,无精打采地看着里面的东西,随手来点薯片、巧克力或酒,你并不是一个人。超过27%的人表示他们在疫情期间长胖了,酒类消费增加了14%。截至2020年3月21日那一周,酒精销售比前一年同期增加了54%[18]。疫情之下,你常常觉得饿,还想喝点酒。也许你是真的饿,但你真正渴求的不是酒本身,而是亲密关系、与他人的联系、归属感和爱。人本主义心理学家亚伯拉罕·马斯洛(Abraham Maslow)说过,一旦人类的生理需求得到满足,他们所需要的一切都可能是你所渴望的。疫情在我们的生活中创造了一个空白,你正在寻找填补它的方式。

这么说并不是在否定你从好友和家人那里得到的爱与亲密关系。他们可能是你最亲密的纽带,是你社交护航图的绝对中心。你从这些人那里得到的身体接触可能比你从世界上其他人那里得到的总和还要多。然而,亲密关系有多种形式,尽管疫情使我们在某些方面比以前富有,但它依然剥夺了许多其他的东西,比如朋友。与家庭关系不同,朋友关系往往是最互惠的关系。朋友之间的亲密关系涵盖了社会交往和智识层面,他们是知己、是你坚定的伙伴;邻居和更广泛的社群中的人也可以和你建立亲密关系。通过共同的纽带和共同的兴趣,人们与更大的社群中的人分享娱乐和情感上的亲密关系。

甚至同事也能提供一种独特的亲密关系。他们可能比其他人更了解你的日常生活,可以一起分享职业目标、工作困境,往往还有共同的兴趣。同事有时也是团队伙伴,可以为你提供实际的、可靠的多方面支持。所以像《办公室》(*The Office*)和《公园与游憩》(*Parks and Recreation*)这样的职场剧出现在热门情景喜剧榜单中根本不足为奇。它们体现了真实的工作场所在现代社会中促进人与人之间联系的重要性。事实上,工作场所不仅仅是我们工作的地方。从基因—环境互动①的角度来看,成年人可以在工作场所中进行"选窝"②,有意寻找那些与我们基因相似的人,并与他们建立亲密且持久的联系。

但所有这些关系都被疫情所改变。我们不再与家庭以外的人、

---

① 基因-环境互动(gene-environment interaction),指遗传因素同环境因素之间有统计相关性。也就是说,一个人的基因构成与其成长环境有一定关系。
② 选窝效应(niche picking),指生活习性相同的物种,为避免生态位重叠,会主动错位寻求优势,建构自己独特的角色和地位,从而让自己成为生物多样性中不可或缺的一部分。从人的角度看,个体在职业选择中也会努力找到自身的价值"洼地",从而精准定位,并建立与之配套的优势资源体系,成就独特的自己。

机构和组织频繁互动，而在大部分时间里把自己关在四面围墙之内，只通过技术手段才能与一些最重要的人、信息和项目联系起来。在几乎绝无仅有的面对面接触中，愉快的问候被几乎难以察觉的挥手和点头所取代。口罩掩盖住了我们的笑容——如果你笑了的话。仿佛每个人都在努力把自己缩成一团，试图让自己缩小、再缩小，直到对他人完全不构成威胁性。疫情的泡沫始终伴随着我们——它看不见摸不着，仅仅能够描述我们选择和谁一起分享琐碎生活里的病菌——仿佛我们的身体都在试图消失。

但我们不能完全消失。在整个疫情期间，有一种潜在的节奏，一种缓慢的背景节拍正传递着一个信息：我们必须要有生产力。在工作方面，我们中的一些人面临着长期的失业，而其他人则能以临时的方式继续工作。我们能在疫情期间继续远程工作，这在30年前是不可能的；是一直被我们诟病为"制造了距离"的技术让这一切成为可能。Zoom——这家2019年上市的视频会议公司，疫情期间股票价值激增了7倍[19]。与其他视频会议软件一样，Zoom能让人们与客户和同事"面对面"。当人们抱怨"Zoom疲劳"时，这种饱受诟病的"技术疲劳"① 实际上是我们有能力保持生产力的一种象征。在大多数情况下，我们能够保持社会的商业运作和世界

---

① 技术疲劳（technological fatigue），指工作需要脑力、体力劳动并重，尤其神经系统紧张的劳动而引起的疲劳。

经济的发展。因此，包括多宝箱（Dropbox）、微软、推特（Twitter）和移动支付公司 Square 在内的许多企业都将远程工作作为一种长期解决方案，用来降低成本、节约基础设施建设、节省通勤时间[20]。尽管《世界经济展望报告》（World Economic Outlook）预测 2020 年全球经济将下降 4.4%，但我们还是正在想方设法从 2020 年 3 月到 4 月因大多数地区开始封控而导致的经济衰退中慢慢"爬出来"[21]。《世界经济展望报告》预测，2021 年全球经济将上升 6%，2022 年将上升 4.4%[22]。俗话说"需求乃发明之母"，跨越诸如商业、医卫、教育乃至娱乐等多个领域的技术创新，正预示着未来的技术进步和人类经验将日趋丰富[23]。

尽管如此，这场疫情终将使我们中的许多人感到饥肠辘辘、孤立无援、疲惫不堪——还有割裂感。"我们"与"他们"之间的界限从未如此分明。在我的人生中，我想不出还有什么时候能让人如此轻易地看出谁是和你站在同一边的，谁是站在另一边的。这场疫情不仅让我们意识到自己与重要的人之间存在距离，也让我们察觉到人其实更容易受到与自己意见不合的人的攻击。这种影响是广泛而深远的。20 多年前，我们的世界已经开始蔓延一场亲密关系的饥荒。随着孤独程度的上升，这场饥荒已成定局。

今天有人拥抱过你吗?

具有讽刺意味的是,在疫情期间,我们最需要的许多东西——尤其是有助于保持身心健康的东西——都被禁止了。拥抱是一种很好的感觉,而且它对身体也确实是有益的。想象你在拥抱时产生的一连串催产素和多巴胺活动,在仅仅六秒钟或更长的时间里,拥抱能够刺激大脑里的联结和兴奋的中枢,用大量"感觉良好"的神经递质"清洁"我们的神经系统。与此同时,拥抱也有一种保护功能,从实际意义上讲,它会帮助我们增强疾病抵抗力。

为了验证这一观点,心理学家谢尔顿·科恩(Sheldon Cohen)和同事以408名健康的成年人为对象开展了一项设计周密的研究。首先是预隔离阶段,在此期间,参与者通过与研究人员连续14天的电话联系,报告他们所获得的社交支持、每日紧张程度("你今天是否遇到了任何人际关系紧张或冲突的情况?")和每日拥抱情况("今天有人拥抱你吗?")。随后,所有参与者都被隔离在酒店的一层,只能待在自己的房间里。隔离期间,研究人员又进行了一些测试,所有参与者都通过鼻腔喷雾接触了两种上呼吸道病毒(鼻病毒39或A型流感)中的一种。在接下来的五到六天里,参与者一直处于隔离状态,研究人员在屏蔽了参与者个人资料的情况下,每日对他们的感染情况(即鼻腔分泌物中是否存在病毒)和临床疾病迹象(即他们清理鼻腔时间和鼻涕)进行评估。

科恩和同事们推测,一个人在日常生活中经历的紧张程度越高,就越有可能感染病毒。同时,他们还推断社交支持和拥抱可以缓解紧张感和感染之间的关系。更简单地说,他们认为即使一个人每天都经历紧张的时刻,社会支持和拥抱也会降低其感染病毒、患病的可能性。那研究结果如何?首先,几乎每一个人(78%的参与者)都被感染了。此外,毫不奇怪,拥有更多社会支持的人得到了更多的拥抱。但最重要的是,社会支持和拥抱确实调节了紧张感和感染之间的关系。拥抱频率在社会支持的有利影响因素中占比32%。研究结论很清楚:拥抱有益。

那我们可以拥抱所有人吗?在某些社会规范中,身体接触——特别是与陌生人进行身体接触是一种禁忌。芬兰的一个科研团队一直在研究这个问题[24]。在五个国家(俄罗斯、英国、芬兰、法国和意大利)的研究对象中,结果惊人地一致。基本上来说,人们对触碰伴侣身体的任何地方都是可以接受的。然而,随着人们在社会上的亲密程度越来越低,触摸对方身体的许多部位都成了社交禁忌。例如,触摸朋友的头部、手臂在内的上半身是可以接受的;然而如果对方仅仅是认识的人,甚至是陌生人,这些部位就都不太适合触碰。对他们来说,只有手的接触,也就是握手这一行为才是可以接受的。这些被研究者认为，他们身体的大部分地方——特别是对陌生男性来说，是绝对不允许被触碰的。

那么，我们能做什么来满足身体对亲密接触的需求呢？即使在疫情发生前，我们在日常活动区域——工作场所、杂货店和咖啡馆——也都不会发生身体接触。即使没有被明确禁止，某些社会规范也不鼓励人们公然"秀恩爱"，更别提公开表达对同事或陌生人的感情了。对许多人来说（在非疫情时期），我们能在家实现几乎所有的身体接触，满足对亲密接触的需求。性爱、亲吻、拥抱、与身边的人和宠物依偎、爱抚——在外工作的成年人在一个普通的工作日中，能有大约12小时的窗口期来获取这些身体接触。一旦他们走出家门，窗口就关闭了。然而，那些无法从家庭成员那里得到太多（或任何）身体接触的人呢，还有那些独居的人，他们又能在哪里满足自己对身体接触的需求呢？

睡衣带来的安慰

按摩是一个潜在的解决方案。如果世界可以被划分为按摩爱好者和按摩反对者两大阵营，我可能会当选按摩爱好者小组的主席，而且我一定会表现出强烈的竞选热情。在还没有被隔离的时候，我每周都会做按摩，在我看来，这是保持健康的重要手段。

隔离期间，我总觉得自己的手上、肩膀上都少了点什么——或许这种缺失是精神上的。我的按摩师朱莉提到，她的许多客户都是老年人。朱莉说："他们甚至不是为病痛而来，而是因为孤独。"每周、每两周、每月都有。他们来是为了被另一个人以积极的方式触碰。她补充说："一位老人甚至告诉我，他有抑郁症，按摩是唯一能让他感觉好些的事情。"这位男士每周都会接受两次按摩。

作为一名心理学家，我必须指出，从科学研究的角度来看，心理治疗对抑郁症是有帮助的[25]。尽管如此，对抗抑郁药物的有效性仍存在很多争议，人们越来越担心能否长期使用这些药物[26]。也许正因如此，人们开始寻求其他方法来应对孤独、焦虑和抑郁。虽然按摩可能不是治疗以上所有疾病的万能药，但身体接触的确有巨大的治疗价值。其中一些疗效可以为癌症、痴呆症、慢性疼痛、其他需要进行姑息治疗和有保健需求的患者提供补充疗法。按摩疗法有时也被当作一种替代性治疗方法，就像朱莉的抑郁症客户一样。难道他是唯一一个发现了拥抱"魔力"的人吗？

事实并非如此。在世界各地，医生和科学家们对按摩疗法价值的探究已有几百年，甚至几千年的历史。就已发表的科学证据看，近二十年前（2004年）对37项研究的元分析表明，即使是一次按摩，也对身体有显著的积极影响，包括降低血压、减少疼痛、减少焦虑、降低心率。随着时间的推移，按摩疗法减少了焦虑和抑郁，其治疗效果与心理疗法的疗程相似[27]。最近,研究人员证明,人们只需每周进行两次瑞典式按摩,持续六周,就能缓解广泛性焦虑的症状[28]。可能是因为按摩促进了副交感神经系统的活动,改善了身体循环,或有助于恢复睡眠。也可能是因为来自另一个人的关注——特别是他们专注的抚触是有益的。

朱莉的老年客户并不是唯一发现按摩魔力的人。根据按摩治疗协会的调查,这是一个蓬勃发展的消费市场。2018年,美国就有超过4750万人接受过按摩,约占全国人口的21%,人均接受按摩4.5次。一个更有趣的统计数字是对按摩治疗师需求的上升。从2008年到2018年,美国的按摩治疗师数量增加了25%,而且这个需求数字还在急剧上升。据劳动力变化预测机构美国劳工统计局推断,未来十年,按摩治疗师的工作机会将进一步增加29%[29]。而作为对比,未来十年所有职业的平均需求增长率预计只有4%,对我们心理学家的需求增长率则更低,只有3%。尽管人们对心理治疗有了更多的关注,也创造了更多的机会,但心理疾病和自杀率仍未降低,甚至还有攀升趋势。这些趋势都表明,人们可能正试图为这些困境寻找新的解决方案[30]。谈话诊疗的时代是否已经结束了?也许我们正在进入一个"触碰至上"的新时代。

来自专业人士的触碰并不限于按摩。在过去的几十年里,出现了一个新的职业领域:职业拥抱师。花149美元,对温暖的拥抱有兴趣的人可以通过网站报名参加在线认证课程，成为一名训练有素的拥抱师，这个职业目前只在美国存在。完成基本培训后，拥抱师可以在通过网站专家的评估和指导课程，以及两次客户审查后完成身份认证。普通拥抱师的价格为每小时60至80美元，而与小有名气的拥抱师尤尼·阿尔坎（Yoni Alkan）的见面价格高达160美元[31]。在美国，拥抱的费用与按摩的费用是相近的，两者的目的却截然不同。根据拥抱师培训网站联合创始人玛德隆·吉纳佐（Madelon Guinazzo）的说法，拥抱师接受的培训是以单纯的拥抱形式提供"健康的、双方同意的触碰"[32]。没有揉捏、拉伸或操控身体的动作。相反，拥抱师也能为客户提供不一样的体验：侧卧式拥抱、紧紧相拥或牵手。这是一种完全不同的体验，似乎也很有需求。

自2004年以来，网站cuddleparty.com已在全球范围内推广了系统的无性拥抱活动。截至2021年，该公司已经在美国、澳大利亚、加拿大、丹麦、英国、瑞典和南非发起了拥抱活动[33]。在这些活动中，人们穿着睡衣与其他人（通常是陌生人）在公寓、家庭、瑜伽室或其他舒适的活动场所拥抱。然而，这并不是一个完全无限制的拥抱聚会。首要规则是：穿睡衣。此外，为了避免不必要的接触，对交流和许可都有严格的规定。参加者必须经过许可才能拥抱或触碰他人，最直截了当的方式就是直接问："我可以抱你吗？"① 参与者的底线和界限感必须得到尊重，否则主持人会介入并干预。参加拥抱派对的费用低至10美元，这也取决于场地条件——收费并不高，但能从身体接触中获得很大的益处。

从生理学上讲，无论拥抱是来自陌生人、朋友，还是爱人，我们都能从中获得大量的多巴胺和催产素。个人对给予拥抱的人的亲密感、欲念和喜爱程度大致决定了激素的分泌量。回想一下你与伴侣的第一次拥抱或亲吻，把这种感觉与你从朋友那里得到的拥抱，或你与伴侣相处一年、两年和二十年后的拥抱和亲吻进行比较。欲望很重要，忠诚度也很重要。然而习惯化——即与同一个人持续接触后产生的反应激素的减少，会同时对这两个方面产生影响。换句话说，一个拥抱的感觉很好，但一个新的拥抱或一个来自你所爱的和强烈渴望的人的拥抱感觉会更好。

不幸的是，疫情的出现使得我们渐渐习惯于他人亲密接触的缺席。但幸运的是，这意味着我们现在已经对这种亲密接触高度敏感。疫情之后，与他人的触碰会让人更有新鲜感、更加振奋。就好像我们从长期冬眠中醒来，投入了来自他人的温暖怀抱——就像小鹿斑比那样。

---

① 原文为"Can I spoon you"，spoon 在英语流行文化中指两人相拥而眠，一般在与自己关系亲密的人之间才会使用。

森林王子出现了

《小鹿斑比》(Bambi)是我在电影院看的第一部电影。我还清楚地记得斑比的母亲被杀时那个悲伤、黑暗的冬天；也记得他的林地朋友在芬芳的花丛中出现时那个欢快而多彩的春天，两者形成了鲜明的对比。我不禁由此想到了如今的疫情。虽然疫情已持续了一年以上，但感觉我们一直处在黑暗的寒冬。接种疫苗的时机意味着，在2021年春天，将有一些人开始从隔离中走出来。就像《绿野仙踪》(The Wizard of Oz)中受到创伤的小男孩一样，我们必须先保证那个"坏女巫"真的已经死了。但我们确实走出来了，走进"春天"的感觉像登上一艘救生艇。

在这场疫情中，我们学到了关于人类基本需求的宝贵经验，还了解到技术对于维持我们最重要的关系的价值。在其他危机时刻，如2016年佛罗里达州奥兰多"脉搏"夜总会枪击案，事件发生的那一瞬间，许多在场的人第一反应都是保护好自己的手机，人们认为手机之于生存的重要性堪比特效药之于慢性病。对我们来说，手机几乎与食物和医疗一样重要[34]。这一趋势与通信理论研究者的论断一致，即手机可以成为创伤期间的伴侣，也是社会和情感自我的延伸[35]。在此期间，人们以前所未有的速度利用社交媒体来收集信息、与他人沟通，用以平息或加剧焦虑，加强或削弱一些社会关系，也用它来响应和创造新的支持模式。

疫情危机在不知不觉中开创了人类功能的新时代；我们被迫依赖技术来为友谊、工作责任、医疗甚至死亡掌舵，这也拓展了我们对技术在人际关系和全球经济中作用的想象力[36]。此外，它还让我们重新审视了对工作和旅行的限制是否可以解决世界环境危机，这与美国哲学家亚伦·詹姆斯（Aaron James）的论点不谋而合[37]。不过，较之于詹姆斯将工作时间锐减至20小时的建议，也许疫情期间采取的以技术手段辅助工作的模式就可以帮我们避免环境灾难。

除了基础设施变化带来的潜在好处，我们还可以从这段令人痛苦的经历中获益。也许疫情的隔离和分裂将是我们最终学到的宝贵经验，帮我们将全部注意力转移到世界上最珍爱的人身上。当然，我们中的大多数人在走出这场疫情后都感到压力很大、焦虑重重，但解决问题的方法就是与他人联系。摆脱了社交距离的限制后，各种交流、爱和情感联系的机会比比皆是。这样看来，疫情结束后可能会产生反弹效应，让人类社会迎来一个新的亲密关系时代。因为这场疫情无时无刻不在提醒着人们：所有人都应毫不掩饰地彼此相爱。

这也是我给萨姆的建议，她正因自己的损失而悲伤，包括她父亲的离世。"等下一个春天吧，"我说，"准备好再次呼吸。"

疫情生存指南

"但是现在，我什么都不敢想了。"

生存技巧1 疫情的损失并不都是有形的。可以肯定的是，有些人失去了金钱，有些人失去了工作，有些人失去了所爱的人。但几乎所有人都失去了一些不太具体的东西，比如时间、机会和希望。看到有形的损失很容易，但其他无形的损失却不那么明显。反思你所失去的，鼓励你身边的人也这样做。只有这样，我们才能正确地缅怀我们失去的东西，尽快自愈，继续前行。

一位德国心理学家的观点

生存技巧2 取决于你所处的生命阶段，疫情可能以不同的方式击中了你。对我们中的一些人来说，它可能只是轻轻拍了你一下，而对另一些人来说，则可能遭受了毁灭性打击。不要把你的经历与他人的经历相比较，因为比较悲痛是没有意义的。有些人成功了，另一些人则遭受了痛苦的损失，失去了他们所珍视的人、工作和一些珍贵的时刻。对我们所获得的和失去的都要加以肯定，因为时间无法倒流，我们都必须往前走。但也会有一些人在疫情之后久久不能卸下重担，只能负重前行。所以，请不要指望所有人都和你前进的步调一致。

领养一只小狗，填补空虚时光

生存技巧3 你可以决定如何填补自己的空缺。你可以选择吃点什么，喝两口酒。或者听从身体的需求，了解自己真正需要什么。亲情？另一个身体的温暖？陪伴？如果是的话，其实人类并不是提供这种情感联系的唯一来源。宠物也可以提供类似的温暖和情感。对许多人来说，它们是重要的家庭成员。如果你感到孤独，可以考虑爱抚宠物、和它聊聊天；如果你没有自己的宠物，可以去收容所领养一只或带邻居的狗去散散步。

今天有人拥抱过你吗？

生存技巧4 拥抱别人。如果有人需要社交支持，那就给他们一个拥抱；如果有人不需要社交支持，也请抱抱他们。如果你不知道他们愿不愿意接受这个拥抱，可以简单问一句："我能给你一个拥抱吗？"争取每天拥抱一次，每次至少20秒。当你获得更多的信心，并且拥抱已经成为你生活方式的一部分时，可以增加到每天三次。用双臂拥抱别人的身体，一次双方认可的温暖拥抱可能会给你提供更多恢复的动力，帮助你回归更健康的生活。

睡衣带来的安慰

生存技巧5 承认身体接触是人类的基本需求。对身体接触的渴求并不代表着软弱，寻求触碰也不算是放纵。按摩和拥抱不仅仅是为那些痛苦或缺少身体接触的人准备的。事实上，即便是对于我们这些健康的人来说，按摩和拥抱也可能是维持更健康的身体和精神状态的秘诀。向新的身体接触体验敞开自己吧，试着接受这些时刻。一次按摩疗法完全可以负担得起，又有拥抱派对可以参加，人还有什么理由剥夺身体接触的机会呢？

森林王子出现了

生存技巧6 海湾战争后，美国成立了一个特别工作组，研究如何疏导战争的压力并让士兵重新融入各自的家庭[38]。其中最实用的建议之一是设定小目标，分解问题的各个部分，并为阶段性达成目标而奖励自己。当你还在适应疫情发生后的世界时，评估你的损失（身体上的、经济上的和心理上的），并以缓慢融入社会和恢复工作生活为目标。一次只专注于一个步骤，给自己时间来调整，实现每一步都给予自己丰厚的奖励。告诉自己，你从疫情中挺过来了，是时候重新振作了。

疫情期间，技术是我们大多数人的连接器、避难所，甚至是生命线。我们学会了新的学习和互动方式，围绕技术的使用制定了必要的、有益的规则。我们应该保留这些规则，并利用技术来发展、成长。然而，疫情之后，我们也必须尝试在亲密空间里与有意义的人一起重新接触真实的世界。这种转变可能会让你感到陌生，甚至害怕。但在前行的过程中，请对自己宽容一点吧。

第二章

童年生存指南

不抱一抱、亲一亲你的孩子吗?

1994年,那时我还是一名康奈尔大学的本科生,在埃利奥特·布拉斯(Elliott Blass)的发展心理学实验室工作,研究如何在不触碰婴儿的情况下安抚他们。我们选择的实验方法是将稀释的蔗糖溶液通过无针注射器或奶嘴喂给刚出生几小时到12周大的婴儿。蔗糖溶液对婴儿的安抚效果非常好。在一些会令婴儿感到疼痛的情况下,比如为他们行割礼,或采足跟血、检测苯丙酮尿症(一种遗传性代谢疾病)时,用蔗糖水喂过的婴儿比用普通饮用水喂过的以及没喝水的婴儿哭得更少[1]。这是一项令人兴奋的研究,我很荣幸能作为团队的一员参与其中。但在那些年里,令我印象最深刻的其实是走进新妈妈们的病房,询问她们是否介意我们用无针注射器给她们刚出生的、完美无缺的、从来没吃过东西的宝宝喂糖水的时刻。

其实这样征得新妈妈的同意，的确会令人有些不舒服。一个看起来活泼又年轻、穿着白大褂、手拿糖水和注射器的陌生人走进病房，要求一个刚刚分娩的母亲在一个几小时大的婴儿身上做实验。时至今日，我仍然为那么多母亲答应了我而感到震惊。有康奈尔大学的名声做背书，这一定起了作用，不过更有赖于这项研究的预期收益。我对新妈妈们说："这项研究可能不会让你的孩子受益，但我们从这个项目中获得的知识可能会有助于改善那些必须要接受痛苦的手术、却不能被触碰的婴儿的护理方法，比如那些在新生儿重症监护室里的孩子。"这是一个让人几乎没有理由拒绝的请求。母亲们刚刚抱过新生的孩子，深知抚触动作对于安抚、成长和建立母子之间情感联系的价值；她们愿意让自己刚出生的孩子参加我们的糖水镇痛实验，因为这有可能会帮助一个被剥夺了抚触权的婴儿。

自我参加这项研究已过去了近30年。在此期间，很多事都发生了变化。为接受手术的婴儿提供糖水的解决方案已经不再受欢迎。也许是因为越来越多的研究和像《甜蜜的负担》（*Fed Up*）[①]这

[①]《甜蜜的负担》上映于2014年，该纪录片旨在探究美国肥胖率激增的原因，将矛头指向食品制造业向食物中添加的糖。

样的揭露性影视作品，使得整个制糖业正面临越来越多的审查和批评。取而代之的是，人们普遍倾向于利用皮肤接触、按摩和其他有效触碰婴儿的方式。医生们将抚摸作为处方，以治疗婴儿出生后的各种问题，如早产、新生儿戒断综合征（简称 NAS，指让婴儿戒断从子宫内接触的药物）[2]。过去几十年来新生儿戒断综合征发病率的上升，主要是由于被大肆宣传的阿片类药物盛行。寻找有效的解决方案来安抚处于戒断状态的婴儿已成为一个日益紧迫的问题[3]。例如，在美国，每15分钟就有一个患有新生儿戒断综合征的婴儿出生。仅2004年到2014年，这一疾病的发病率就增加了433%[4]。从振动触觉刺激到抱婴师志愿者①，医生们一直在尝试创新的解决方案，安抚这些缺少安慰、双手紧握、难以入睡的婴儿[5]。一系列研究都已证实，肌肤之亲始终具有不可取代的价值，特别是对婴儿来说[6]。即使是对那些难以治愈的人来说，身体接触依然具有疗愈的功能。

在过去的一百年里，在"如何对儿童表达关爱"的问题上，人们的观念发生了多次转变。1928年，心理学家约翰·华生②（John Watson）在《婴幼儿心理卫生》（*Psychological Care of Infant and*

---

① 美国、加拿大等医疗机构为早产儿、新生儿戒断综合征患者等需要与母亲分开、进新生儿重症监护室的婴儿提供拥抱、抚触、依偎等服务，这些服务多由医院发布"志愿抱婴项目"（Baby Cuddler Program），招募志愿者来完成。
② 约翰·华生（1878—1958），行为主义心理学创始人。

Child）一书中写道："不要拥抱或亲吻你的孩子""永远不要让他们坐在你腿上。如果你必须这样做，在他们说晚安时亲一下他们的额头。早上与他们握手。如果他们在一项困难的任务中做得很好，就轻轻拍拍他们的头。"如今，我们已经知道与婴幼儿的身体接触有助于巩固婴幼儿与照顾者之间的依恋关系，为他们长大后有能力向他人表达感情打下基础[7]。拥抱和亲吻你的孩子不再被嫌弃；相反，这被认为是正常、健康的成长过程中的一部分。然而，当我在心理学入门课上询问学生，哪些人记得自己曾被父母亲吻或拥抱过，只有大约一半人举起了手。

这些有助于我们学会如何与他人建立亲密关系的方式，是我们本应得到、却在实际的家庭环境中没能得到的。这种现实的脱节，也是我将在本章中反复论述的内容：在童年时期如何为建立亲密关系打下基础，这不是孩子的事，而是父母的事。

布猴子还是铁猴子——触感和食物哪个更重要？

2010年3月，一位来自澳大利亚的母亲凯蒂·奥格（Katie Ogg）刚刚生下一对早产的双胞胎，出生时只有27周[8]。作为双胞胎中的一个，艾米丽幸存了下来。不幸的是，双胞胎中的男孩杰米在经历了20多分钟的全力抢救后，仍然被医生宣布死亡。护士们把这个不幸去世的孩子放到他的父母身边，放在凯蒂赤裸的胸膛上，让他们好好告别。凯蒂和丈夫大卫十分心痛，揉搓着杰米的小手和他说着话，向他道别。大约五分钟后，杰米突然受惊似的短暂抽动了一下。医生却告诉他们，这只是某种反射作用，他们的儿子已不在人世。但大约两小时后，杰米睁开了眼睛。他吸吮着凯蒂挤在她手指上的乳汁，伸出小手握住凯蒂和大卫的手指。确认了孩子有生命迹象后，他们赶快催着工作人员叫医生过来。工作人员坚持认为，婴儿没有被救活。这对夫妻试图做最后的恳求，表示他们已经接受了儿子的死亡，只是希望医生能回答一些问题。医生终于来了，拿出听诊器，发现杰米真的有心跳：他还活着；或者说，他活过来了。杰米长成了一个壮实、健康的小男孩。[9]

尽管这只是一个关于肌肤相亲的比较极端、罕见的例子，但这个故事说明了一个核心观点：身体接触对于生命而言是无价的。和我持同样观点的还有很多知名的重量级心理学家。

20世纪40年代，出生于澳大利亚的精神病学家勒内·施皮茨（René Spitz）发表了一篇关于生活在收容机构里的婴儿的开创性研究报告[10]。他的研究目标十分简单：评测位于南美洲两个不同收容机构中婴儿的成长轨迹。1号机构是一所监狱，婴儿生活在监狱托儿所中，主要由被监禁的母亲抚养，母亲每天都能与孩子接触。2号机构是"弃婴之家"，在这里，负责照顾婴儿的是工作十分忙碌的孤儿院工作人员，平均每位工作人员要照顾8到12个婴儿。这两个机构都能确保婴儿有充足的医疗护理、足够的食物和良好的卫生条件；唯一的区别在于，两所机构的婴儿从各自的照料者那里得到的情感支持不同。在施皮茨及其同事观察的五年中，他们发现这两组婴儿呈现出明显差异，这种差异在婴儿四到五个月大时就开始显现。生活在托儿所里的孩子更聪明，在儿童发展的关键领域表现出更强的能力，比如记忆力、身体机能的掌握，以及社会关系。随着年龄的增长，生活在托儿所组的两岁婴儿已经发展为功能正常的幼儿，而生活在孤儿院的许多婴儿甚至还没有学会走路或说话——这是这个年龄段孩童两个关键的发展里程碑。然而，这项研究中最引人注目的结果是婴儿的死亡率。在研究的前两年，托儿所的孩子没有一个死亡；但孤儿院中有37%的婴儿死亡，大部分是在出生后的第一年。孤儿院的孩子还会表现出极度痛苦状态，或在某些情况下表现冷漠。这些孩子普遍患有施皮茨所说的消瘦症（marasmus），即那些缺乏情感上的刺激的人，各项身体与情绪指标都会下降的症状。

在这项研究之后，心理学家哈利·哈洛（Harry Harlow）在20世纪50年代末对普通猕猴幼猴进行了一项突破性的社交孤立实验[11]。哈洛将刚出生的幼猴（只有几小时大）与它们的母亲分开，并将它们隔离起来喂养，隔离时长从三个月到一年不等。让十分关注实验动物权益的现代心理学家感到愤怒的是,在隔离状态下饲养的猴子受到了很大影响。回到同伴身边后,曾经被隔离的猴子在社会化过程中表现出由轻微到严重的中断,如冷漠、尴尬和恐惧。哈洛还设定了某些特定条件,给幼猴两个选择:它们可以选择抱着一只用布做的猴子模型,或者一只用铁丝网编织的猴子模型;选择前者可以获得触感上的安慰,而选择后者则可以获得食物。面对一只柔软的布猴子,和一只可以提供食物的铁猴子时,幼猴选择了前者。幼猴每天都会在布猴子身上依附几个小时,把它当成自己的"代理母亲"。这证明了幼猴更愿意选择获得触感上的安慰,而非食物。这一实验结果让哈洛得出了发展心理学中最重要发现之一:触感上的安慰对于健康成长至关重要。我母亲十分赞同这一点。

我妈妈和汤姆·布拉迪的相同点

在过去的几十年里,我和数以千计的人探讨过关于成长方式的问题。在认真思考了这些独特的数据点之后,我现在可以明确地说:我的成长过程是非传统的。有两个我喜欢讲的故事可以很好地佐证这一点。第一个故事与我童年的家有关。12岁之前,我搬家的次数超过15次。我的父母自诩为嬉皮士,在20世纪70年代初驱车前往西部,想找一个好地方定居。最终,他们选择在科罗拉多州的一条河边搭了个帐篷落脚,享受广袤草原与新鲜空气带来的快乐。关于这段日子的记忆已经被淡忘,但我依然可以想象妈妈牵着我们的手在河里洗澡,把用菊花编的花环戴在我们头上,把我们搂在臂弯里轻摇着哄睡,哼唱着朱迪·柯林斯(Judy Collins)的歌。我妈妈觉得在那里生活很惬意,直到有一天她突然意识到我们姐妹可能会被熊吃掉,才觉得还是得有一所像样的房子才行。

但我们也没有在房子里住很久。作为一个更愿意居无定所的人,妈妈是绝对不会在某个地方久居的。所以,我们一次又一次搬家,直到我上了中学才暂时安定下来。我的童年早期绝对称得上是一片混乱,这也就引出了我的第二个故事。就像全世界数百万孩子一样,只有在看《芝麻街》(Sesame Street)时,我才能安分下来。《芝麻街》首播于1969年,已成为有史以来最受欢迎的电视节目之一;这个故事的独特之处在于,早上看《芝麻街》时,妈妈会塞给我一些古怪却健康的早餐。有时我会突然回想起这些时刻:五岁的我盘腿坐在电视机前,兴趣盎然地睁大眼睛,看着葛罗弗走来走去,手里拿着"非典型"早餐:一个米饼,一个西红柿,或是半个牛油果。

当我有了自己的孩子,妈妈坚持要我做两件事:亲手给孩子做吃的、坚持婴儿按摩。虽然我还是打算让营养学家给出一些关于婴儿食品的建议，但把蔬菜和水果煮熟并搅拌，再用勺子放入冰格，这件事并没有想象中那么难。当然，这本书所谈论的"饥饿感"不是食物上的，而是关于亲密关系的。正如妈妈建议的那样，给孩子们按摩对他们产生了深刻的影响；对我自己也一样。

我还记得自己作为一个刚生完宝宝的母亲，第一次观看婴儿按摩视频时的感觉——那是一种超乎想象的疲惫感。我努力记住了其中的关键部分。第一步，问宝宝："你想按摩吗？"宝宝肯定不会回应，但我想这可能是关于"肯定性同意原则"①重要的启蒙。第二步，只用手指在宝宝肚皮上顺时针打圈按摩，拼出"ILU"三个字母，代表着"我爱你"（I Love U）。第三步，进行眼神交流，使按摩成为一种愉悦的体验。在所有关于婴儿按摩的好处之中，我在为两个孩子按摩的过程中感触最深、最确信的一点是：我是在通过身体接触来传达我对他们的爱[12]。在他们大脑发育的关键时期，我想确保他们与外界的连接包括一位很爱他们的母亲安抚的话语、平静又温暖的环境和温柔的爱抚。我也更能了解他们的需求：知道他们什么时候是在放松，什么时候想要继续按摩，希望什么时候

---

① 肯定性同意原则（affirmative consent），指所有参与者在知情自愿的情况下，明确表达"同意"之后进行性行为。肯定性同意原则对于判断性行为是否违背女性意愿的依据之一，也是青少年性教育中的重要概念。

结束。我相信按摩能让他们成为更棒的宝宝，也使我成为更好的母亲。最重要的是，这让我的两个孩子体会到了身体接触的好处，至今仍然受用。

去年，在我儿子游泳队的聚会上，他的一个队友走过来："看到约瑟夫了吗？"他嘲讽道，"他正牵着他妈妈的手呢！"我儿子有些茫然地看着他问："那又怎样？"这个孩子的嘲讽其实体现出了人在成长过程中遇到的文化信息断层。儿童——尤其是男孩，和父母进行肢体情感交流往往会被嘲笑或不被鼓励，但当这样的孩子成长为青年，往往是情感最狂热的。令我印象深刻的是，2018年，美国橄榄球四分卫汤姆·布拉迪（Tom Brady）就因为当场亲吻他11岁儿子的嘴而受到严厉批评，整个互联网弥漫着关于这件事的愤怒情绪。一位父亲亲吻儿子的嘴，这挑战了我们对亲子关系的认知。或者，真的挑战了吗？

父母的育儿风格大致可以从两个维度来描述：温柔和控制。权威型父母，那些在高度温柔和高度控制之间取得平衡的父母，养育出的孩子往往更优秀。他们的孩子更自信也更成功，这可能是因为他们既秉承了父母所教导的规矩和处事方法，也得到了爱与支持。父母的情感表达，比如拥抱和亲吻，一定是属于温柔这一维度上的。这些行为体现出父母对孩子的爱与关注。只要孩子不认为这种爱是过度的，那么这种爱的表达对孩子的健康成长和亲子关系就是正向且有益的[13]。

所以说,儿童时期的我们就已经形成了关于依恋的内部工作模型,并将其作为未来所有人际关系的参考[14]。我们与照顾者之间的关系很重要,他们教会我们是否信任他人,他们给予我们尊严,帮助我们了解自身在这个世界上的价值所在。然而,儿童时期形成的依恋内部工作模型不仅仅与未来人际关系的安全感有关,还形成了互动模式的模型。我们通过模仿学习如何爱人,如何表达爱意和亲密感。通过亲吻儿子的嘴,布拉迪向他的孩子表达了爱,并用自己的行为展示了一种情感表达的参考标准,让他的儿子可以在未来用作处理人际关系的范例。作为一个还在亲吻妈妈嘴巴的孩子,我想对布拉迪说:谢谢你,不是因为你带领球队获得了六次超级杯冠军,而是因为你在面对全世界的批评时表现得很坚强,并提醒人们:我们所生活的世界应该鼓励大家去拥抱、亲吻自己的孩子。我也想对那位喜欢戴菊花花环、亲手剥牛油果给我吃的嬉皮士妈妈说一句:谢谢你。

罗杰斯先生 vs. 海绵宝宝,谁能胜出?

回顾我的童年经历,的确有助于正确看待过去四十年发生的事。我的母亲留在家里照顾我和我的三个兄弟姐妹——这种趋势现在已经不那么普遍了。与20世纪70年代和80年代初相比，如今美国劳动力中的女性人数几乎是那时的两倍，而现在美国的女性人数是1950年的4倍[15]。这意味着美国家庭的生活方式发生了巨大变化。由于父母双方都在工作，父母都感受到了家庭生活的压力，一半以上的人表示，工作使他们更难成为好的父母[16]。

也许是为了弥补这一不足，娱乐产业大幅增加了为儿童提供的媒体内容。当父母结束了漫长的一天回到家中，还得准备晚餐或完成一些收尾工作，这时电视成了最好的临时保姆。公共广播放送《芝麻街》和《罗杰斯先生》(*Mister Rogers*) 之类单一节目的日子早已一去不复返了。大家也都不会再急匆匆赶回家收看一年一度的《绿野仙踪》。相反，在许多国家，孩子们可以全天候收看数百种儿童节目直播，也可以使用YouTube等开放资源平台，或通过"迪士尼+"(Disney+)等付费平台进行点播。在前往全国各地演讲的过程中，我经常反思、权衡我们在娱乐方面失去了什么，又得到了什么。

最近，我为印第安纳州五百多名"开端计划"(Head Start)教师做了一次讲座。"开端计划"是由美国前总统林登·约翰逊(Lyndon Johnson)于1965年发起的辅助儿童计划，旨在为低收入学龄前儿童在入学第一年提供其所需的教育和饮食方面的基础资助，让这些孩子有一个良好的"开端"。在与这些教师交谈时，我们就"媒体如何塑造年轻人的思想"展开了热烈讨论。讨论主要集中在电视节目《罗杰斯先生的邻居》(*Mister Rogers' Neighborhood*)上。罗杰斯先生穿着羊毛衫和运动鞋,教会我们表达内心的感受,伤心、害怕或害羞都是正常的。他会谈论一些尖锐的话题,比如离婚、战争,还会带观众到外面逛逛,展示蜡笔等物品的制作过程。他也倡导种族平等和包容。许多观众都还记得,他曾在节目里邀请黑人警官克莱门斯(Clemens)和他一起泡脚。在种族问题依旧严峻的20世纪60年代末,罗杰斯先生用实际行动打破了种族隔离的藩篱[17]。在交谈过程中,一位老师还提到了罗杰斯先生在1981年的一次令人难忘的节目,当时他让一个坐在电动轮椅上的小男孩说明自己的病情,介绍轮椅的工作方式[18]。这位老师说,这是她第一次见到残疾儿童,她被深深地打动了。然而,尽管罗杰斯先生的节目给许多人留下了如此深刻的记忆,对数百万儿童的社交和情感发展产生了不可磨灭的影响,但这档节目还是在2001年的美国公共电视网(PBS)上停播了。

同年,迪士尼公司从企业家朱莉·艾格纳-克拉克(Julie Aigner-Clark)手中收购了《小小爱因斯坦》(*Baby Einstein*)系列视频的特许经营权,收购金额并未被披露。《小小爱因斯坦》打着"教育资源"的名号,宣称"可以使孩子更聪明",一时间被用心良苦的父母们抢购一空。但这些父母显然不知道美国儿科学会的建议:两岁以下的孩子不应享有屏幕使用时间。而研究人员很快发现，孩子们也并没有从这些视频中学到任何东西，专家们强烈建议两岁以下儿童不应观看任何形式的媒体资源。有人向联邦贸易委员会提出了异议，迪士尼被迫修改了《小小爱因斯坦》系列视频的标签，删去了标签上的"教育"二字。

迪士尼花费数百万美元收购的《小小爱因斯坦》特许经营权"翻车"了。这件事对于我们当下的文化来说是一种警示。全世界的父母都坚信，这些娱乐性强、色彩丰富的视频会让他们的孩子成为"天才"，但科学证明这些视频所宣称的教育作用其实毫无根据，迪士尼公司被迫在全球范围内退款[19]。这是一个以广告欺骗大众的典型案例，但从技术创新的角度来看，《小小爱因斯坦》的失败也证明，在没有科学指导和适当的公共政策的情况下，过快地滥用技术会对人类发展造成损害。心理学家早就得出结论，婴儿不能从被动观看视频的过程中学到什么。尽管现在我们知道，直播和交互性视频可能会对婴儿的学习有些益处，但人的陪伴（哪怕是陪着一起看视频的人）才是他们学习新知识的最佳来源，尤其是对语言的学习来说[20]。

综合考虑，这些事件其实代表着全世界儿童媒体消费一连串变化的开端。教育类电视节目市场上的主流节目，如《芝麻街》，也开始失去人气，因为孩子们的注意力转移到了《海绵宝宝》等节目上。我向这500多名"开端计划"教师提出了一个问题：你们班的学龄前儿童中，是否有人能说出屏幕上这10个《芝麻街》中的流行人物？所有老师的学生中，没有人能做到。令人难以置信的是，我问这些老师他们的学生平时都了解哪些人物角色，他们说是"《堡垒之夜》①（Fortnite）中的人物或YouTube上的明星"。《堡垒之夜》里的角色现在比《芝麻街》里的葛罗弗更受孩子们关注，这个现状给了我很大触动。因为对我来说，在荧幕里蹦蹦跳跳的葛罗弗教会了我许许多多的事。②

来自硅谷的"花衣吹笛人"

事实上，娱乐产业不仅扩大了儿童业务板块，父母同样沉迷于纷繁复杂的媒体消费。电视、网飞（Netflix）、互联网、电子邮件、短信和社交媒体——它们是现实生活中难以抗拒的诱惑。在网络世界的诱惑下，父母也深陷其中，在日常生活中不经意地做出一些有距离感的举动。看看餐馆和公园里，有多少父母在玩手机吧。出去吃饭时，我经常看到一个家庭的所有成员都低头沉迷

---

① 《堡垒之夜》是一款第三人称射击游戏，自2017年推出以来风靡世界。
② 经典儿童教育类电视节目《芝麻街》有着明确的教育目标和课程内容，曾是美国最受欢迎的儿童节目之一。而现如今，新一代美国儿童更熟悉电子游戏和网络红人，作者对此表达了深深的忧虑。

于自己的电子设备。父母的技术成瘾症是一个重要问题，常识媒体（Common Sense Media）——一家旨在促进安全使用技术和媒体、提供使用建议的非营利组织，发起了一场"让电子设备远离晚餐"的活动。在一段广为流传的视频里，演员威尔·法瑞尔（Will Ferrell）扮演一位专注于手机的父亲，孩子为了引起他的注意，故意说出令人震惊的话。他十几岁的儿子开玩笑说，爸爸在他们的小货车上卖水烟筒，小女儿在地下室里制作冰毒。在此期间，法瑞尔扮演的父亲几乎根本没注意到他儿子在说些什么，还用不恰当的方式对他的言语表示认可。这个滑稽的短剧以幽默的方式揭示了一个严重的问题：沉迷于电子设备的父母同时也在培养沉迷于电子设备的孩子。

认知发展理论学者让·皮亚杰（Jean Piaget）[1]是建构主义理论的创始人，该理论认为，我们从经验中建构知识，是经验塑造了我们的认知。心理学家列夫·维果茨基（Lev Vygotsky）对这一理论进行了扩展，认为塑造认知的过程本质上是社会性的，我们的思维由自身与他人的经验塑造而成。两位学者都认为，模仿是认知发展的一个重要里程碑。当儿童开始模仿他们认为有能力的人

---

[1] 让·皮亚杰（1896—1980），瑞士人，近代著名发展心理学家，最著名的学说即认知发展理论，将儿童的认知发展分为感知运动阶段、前运算阶段、具体运算阶段和形式运算阶段。

(如他们的父母)时，会从这些行为中获得自尊，再通过一系列惩罚、强化行为和间接性学习，学会如何作为社会人在世界中发挥作用。

当父母利用技术手段来引导孩子进行社会交流时，会同时发展出两个可能影响孩子成长的进程。首先，研究表明，在父母的许多行为中，技术手段很有可能会对孩子社交能力的发展产生影响，尤其是当母亲情绪低落、沉迷手机时[21]。这可能会在很大程度上影响父母对孩子回应的及时性和敏感程度，而这恰恰是孩子与看护人之间建立健康依恋关系的必要因素和一系列发展的关键[22]。其次，当孩子们看着他们的父母使用电子产品时，他们也学会了模仿看护人的样子建立自己与世界的联系。于是孩子们花费在网上的时间越来越多。根据许多权威专家的论断，这可能导致儿童身心健康状态显著恶化。而这已经成为儿童发展的一个关键问题，以至于许多关注儿童福利的团体，如美国儿科学会、世界卫生组织等已经开始提倡限制媒体使用，呼吁孩子们进行更多的户外运动和游戏。

但即使是在我写下这些内容的时候，我依然不敢相信这样的现状。如今这个时代，让孩子们多做些户外活动竟然成了一件需要专家不断倡导、不断呼吁的事情，这太不可思议了。专家的呼吁也的确与我在过去几年中密切关注的趋势相吻合，我把它称为"游泳池里无儿童"现象。在我家所在的社区,房屋后面就是约24公里长的步道,还有高尔夫球场、网球场、篮球场、公园以及各种各样的小水塘。当地的房产中介都说,这里一定受许多家庭的青睐。然而,除了疫情期间这些地方的人流量有所上升之外,小路和公园基本上是空的,曾经许多孩子玩"大鱼吃小鱼"的游泳池如今也已经废弃了。几年前,我偶然听到一个十几岁的男孩和与他年龄相仿的女孩聊天。"你姐姐呢?"他问。"哦,她现在总是待在家里,"女孩回答,"她整天都在玩手机。"后来,那个十几岁的男孩也没再出现过,就像女孩的姐姐一样。

在我成长的那个年代,户外活动是夏季唯一的消遣方式。就像电影《沙地传奇》(*The Sandlot*)中的情节那样,我小时候总是泡在泳池里,和朋友们玩水,度过漫长又慵懒的夏天。现在,作为两个男孩的母亲,我不得不承认生活已经发生了天翻地覆的改变。即使是在位于印第安纳州小镇的我家社区里,街道也相当空旷。这一切仿佛哈默林的花衣吹笛人垂袖而过,吹响魔笛,诱惑着整个小镇的孩子都随着笛声跑进他的山洞——如今这位"吹笛人"我们并不陌生,他就住在硅谷,几乎我们每个人都曾受到他"笛声"的引诱。

几乎所有人,除了吹笛人自己。正如许多主流媒体所报道的那样,这些科技创新的领军人物——创造了把我们诱惑进媒体

"洞穴"的硅谷高管们——反而要求自己和孩子远离媒体[23]。众所周知，移动支付公司 Square 的创始人、前推特首席执行官杰克·多西（Jack Dorsey）一直步行上班，爱好冥想，他利用苹果手机的屏幕使用时间功能，将自己使用推特的时间限制在每天两小时[24]。科技巨头们对其子女使用媒体的时间限定往往更加严格。世界卫生组织最新建议指出，五岁以下儿童每天使用媒体的时间不应超过一小时，而许多科技巨头对其子女媒体使用时间的限定更远低于这一标准[25]。据报道，社交软件"色拉布"（Snapchat）的创始人埃文·斯皮格尔（Evan Spiegel）和妻子米兰达·可儿（Miranda Kerr）的儿子年仅7岁，他规定儿子的屏幕使用时间只有每周90分钟[26]。微软创始人比尔·盖茨（Bill Gates）和苹果公司联合创始人史蒂夫·乔布斯（Steve Jobs）也都对孩子使用电子设备的时间进行了严格限制。乔布斯不允许他的孩子在14岁之前拥有手机[27]。而位于美国加利福尼亚州洛斯阿尔托斯的私立学校半岛华德福学校之所以受到硅谷科技大亨们的青睐，就是因为这所学校的媒介与技术理念：禁止儿童使用电子产品。学校的官网写道，向儿童和青少年推广电子设备"会降低他们与他人和周围世界建立有意义的联系的能力"[28]。看来，这群吹笛人已经为自己的孩子戴上了眼罩，在耳朵里塞上了棉花，为了确保他们的孩子不会轻易被那动人的"笛声"所诱惑。

一代人有一代人的"草原"

新闻报道一旦关注到这群"吹笛人"对自己孩子的行为，就容易激起公众的愤怒。尽管美国儿科学会、世界卫生组织和其他关注儿童权益的团体早已提醒人们，不要延长孩子的屏幕使用时间，但科技产业仍在继续生产、开发面向儿童的各种硬件设备和应用软件。据市场调查，有孩子的家庭是科技消费市场的主力军，是互联网服务和智能家居技术的创新者和最早的使用者[29]。科技广告和相关营销人员也会特别关注儿童，将其作为现代消费主义文化的一个庞大群体[30]。这些科技巨头怎么能创造对儿童有潜在危害的大众消费工具呢？我在学校的讲座中，家长常会提出这个问题，他们觉得被欺骗、被蒙蔽了。我从基础经济学的角度给这些家长提供了一条友情提示。"如果没有需求，"我向他们保证，"他们就不会再供应这些东西了。"

这些科技巨头的行为不应该被责备，反而应该受到表彰。他们已经创造了新方式来解决人类对娱乐、社交和内容创作的基本需求。这可不能算是罪过。如果我们要批评这些创新行为，是不是也应该批评本杰明·富兰克林（Benjamin Franklin）、亨利·福特（Henry Ford）和亚历山大·格雷厄姆·贝尔（Alexander Graham Bell）呢？与许多事情一样，发明创造本身不是问题，而是社会的使用方法造成了问题。只不过，这个问题并不是公平地影响着我们每一个人。这些科技巨头为自己和家人构建了既能利用媒体优势、又能避免深陷其中的生活环境。与普通人相比，他们的关键优势在于使用知识的方式。他们可能了解科技的使用趋势，了解一些与科技的利弊相关的研究。他们利用这些知识为自己精心创造了丰富的生活——不被技术成瘾所支配的生活。然而，并不只有科技巨头知道儿童过度使用科技产品的潜在破坏性影响。

在儿童与科技的关系上，我们已经走到了一个历史转折点。我们现在确切地知道，儿童广泛接触科技产品的行为可能是有害的。美国儿科学会、常识媒体和世界卫生组织都已告知我们这一点。关于这一问题的信息并不混杂，我们都心知肚明。2020年，一项针对美国成年人的皮尤调查（Pew Survey）显示，12岁以下儿童的父母中有72%的人表示，他们至少有点担心孩子每天看电子设备太久，31%的人表示他们非常担心这个问题[31]。尽管绝大多数科技创新从表面上看可能会使父母的生活更轻松，但2020年皮尤调查显示，三分之二的父母认为，现在的父母比20年前更难——据他们说，罪魁祸首正是科技。

事实上，技术究竟造成了哪些负面影响，人们对这个问题的了解程度并不一致。硅谷的高管们可能很早就看到了问题所在，他们可能是第一批开始远离屏幕的人。我在某私立学校举办的一场数字健康讲座曾创下破纪录的上座率,足以证明那些受教育程度较高的高收入群体很快就开始效仿科技巨头们的做法。这些父母被动员起来改变现状:回到更简单的、远离科技产品的时代。他们希望自己的孩子学习编织、烘焙,学会如何在草原上辨别方向。"只要你告诉我,必须让孩子远离一切科技产品,"这群父母中的一位最近和我说,"我会立刻这样做。"相反,低收入家庭似乎是最后才意识到的一批人,因为他们的孩子才刚刚在公立学校获得一对一接触科技产品的机会。与高收入家庭的同龄人相比,低收入家庭的青少年每天会多花两个小时在接触各类媒体上(据统计,低收入家庭的青少年的媒体使用时长为8小时7分钟,而高收入家庭青少年为5小时42分钟)[32]。然而,"儿童必须要精通科技才能在现代世界中茁壮成长",这一观点已在所有收入阶层中达成共识。那些处于较低收入水平的人害怕孩子会落后于人,便一直秉持着这样的观点:孩子必须不断地接触电子设备,以做好应对新时代技术需求的准备[33]。但这显然是不正确的。

前推特首席执行官杰克·多西曾说,一个人在网上学到什么,比在网上花多少时间更重要,而对孩子来说,他们在网上花多少时间,可能没有他们在网上做了什么重要[34]。我深以为然。当然,儿童在网上花费了大量时间也的确令人担忧。2015年,常识媒体的一项研究发现,除去为学校或家庭作业而使用媒介的时间,美国不满13岁的儿童每天的媒介使用时间大约为6小时，而13岁以上青少年的媒介使用时间大约为9小时[35]。媒介使用时长在青少年群体中已经达到了史无前例的高点，专家对此已提出警告：青少年的媒介使用时间已经侵占了他们的睡眠时间。这些统计数据令人震惊，而更令人担忧的是他们在网上做什么。无论是13岁以下的儿童还是13岁以上的青少年，他们之中超过三分之一的人都把上网时间花在"被动消费"上，比如听音乐、看电视节目或视频；其次是在互动式消费，比如玩游戏或在线浏览网页；再其次是通过社交媒体和视频进行交流（分别占13岁以下儿童和13岁以上青少年上网时间的14％和26％）；对于两个年龄组而言，排在最末的都是进行创作，包括写作、进行数字艺术或音乐创作，或是编程，仅占两个年龄组媒介使用总时间的3％。换句话说，这群年轻人并没有把上网冲浪的时间花在学习制作图表或编程上，他们其实是在网上看电视节目、和朋友聊天、玩游戏。

  我的童年是在20世纪80年代，我还记得自己和朋友煲电话粥、一起玩吃豆人（Pac-Man）、看《细路仔》（Diff 'rent Strokes）的时光。这段经历反映了我的成长环境和成长模式，我很难指摘当年的行为。我相信许多读者也和我一样。然而这也正是我们的时间管理能力派上用场的地方。想想各位小时候会在屏幕前花上多少时间？我儿时生活的时间安排，并不依赖于电脑媒介互动和各种被动消费。我在下午3点（放学回家的时间）和晚上8点（我十几岁前的睡觉时间）之间的课余时间分配，大致如下面这张饼状图所示。在童年早期，我与各类科技产品的互动很少，可能是因为当时没有手机和互联网，而且我家客厅的电视机也只有三个频道。十几岁时，家里终于有了有线电视，但相较于室内生活，我的兴趣已经转移到和朋友们的户外玩耍上。我不记得在青少年时期有任何屏幕使用时间，除了偶尔看看电影——我甚至还在一家电影院工作过。总之，我的童年在很大程度上是留在"草原上辨别方向"。

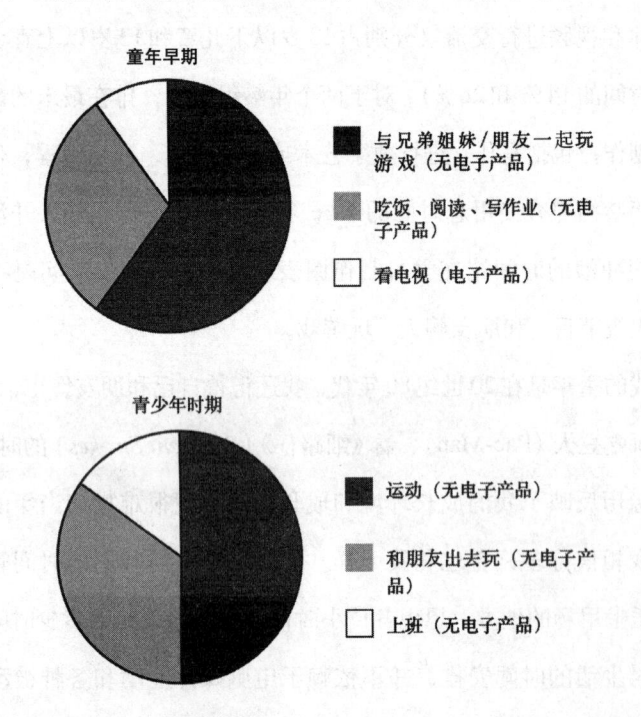

童年早期

■ 与兄弟姐妹/朋友一起玩游戏（无电子产品）
■ 吃饭、阅读、写作业（无电子产品）
□ 看电视（电子产品）

青少年时期

■ 运动（无电子产品）
■ 和朋友出去玩（无电子产品）
□ 上班（无电子产品）

而今的社交生活已今非昔比。孩子们不再打电话，而是在玩电子游戏的同时在 Discord（一款游戏内聊天软件）上发短信聊天。他们在 Instagram 上互相发送私信，在色拉布上发些愚蠢的消息。见面时，他们会一起自拍、制作抖音视频。所有这些都属于社交活动——当然，与我们这代人年轻时的社交活动不同。但年轻人也是社会人，他们也要学习必要的能力，以便顺利融入，在一个以技术为主导的文化环境中生活，特别是能接受、处理好如今"无情的取消文化"①的能力，因为时至今日，网络暴力与网络霸凌已经逐渐形成气候。年轻人必须学会小心翼翼地跨过"键盘侠"、挑衅者和施虐狂在网上埋下的"雷区"，找到一群正向的、友善的同伴，建立并不断发展属于自己的社交圈。这就是我们如今所处的电子世界的现状。

欧比旺，你是我们唯一的希望

关于人类发展的所有纵向研究中，规模最大、最深入的是哈佛成人发展研究（the Harvard Study of Adult Development）。该

---

① 取消文化（Cancel Culture），一种社群抵制行为，目的是将不符合自己价值认同的人或项目驱逐出其所属的社会或职业圈层，网络中的账号举报、舆论讨伐、平台销号等都属此列。

研究由哈佛大学教授、精神病学家乔治·瓦兰特（George Vaillant）于1937年开启，由美国百货业巨头和慈善家W.T.格兰特（W. T. Grant）资助[36]。现在，在罗伯特·沃丁格（Robert Waldinger）的指导下，这项研究对从哈佛大学和波士顿地区招募的人群进行了80多年的跟踪调查。也许大部分人对该研究中哈佛大学的部分[格兰特研究(Grant Study)]比较熟悉。该研究从1939到1944年的哈佛大学各班级中招募了268名男性，当时他们平均年龄为19岁。这群人中有一些后来成了名人，包括约翰·F.肯尼迪总统（John F. Kennedy）和《华盛顿邮报》的资深编辑本·布拉德利（Ben Bradlee）。相比之下，从波士顿地区招募的学生群体在人口统计学方面有显著区别，这一部分研究也被称为格鲁克研究（Glueck Study）。这项调查研究的牵头人是哈佛大学法学院教授谢尔顿（Sheldon）和埃莉诺·格鲁克（Eleanor Glueck），涵盖的调查对象达456人，几乎是格兰特研究的两倍。这些人的年龄在11岁到16岁之间，来自波士顿地区多个经济发展较弱的社区。

尽管两项研究的样本构成不同，但研究方法是一致的，而且十分全面。参与者每两年就需要完成一次详尽的调查，提供血液样本等生物标本，并在可能的情况下接受大脑、核磁共振组织和器官扫描。作为"第二代"计划的一部分，该调查还将研究对象的范围扩大到两个原始样本中男性的后代。这是一项具有重大意义的大型研究，其研究结果也令人瞩目。在研究人员收集的所有指标中（包括各种生物标本、器官扫描、调查等），有一个指标似乎最能预示一个重要的结果：人与人之间的联系、爱、友谊、亲密关系。健康成长的个体与那些无法与人亲近的个体相比，在与他人的亲密程度方面有所不同。但是，科技对这些参与者以及他们发展和维持亲密关系的能力有什么影响呢？答案依然未知。

现在看来，反思媒介消费习惯的转变，以及媒介消费习惯如何影响社会连通性是十分有意义的。和全世界许多父母一样，2020年对我来说是精疲力竭的一年。人们困在家里，没有来自同龄人的社交刺激，这对全世界的所有孩子来说似乎都是一个巨大的挑战。在这一年的大部分时间里，孩子们本应在学校度过的7小时学习生活中，大部分时间都是拿着零食在家里来回溜达、在客厅里打高尔夫球。老师也被瞬间推到在线学习的环境中，似乎还没有做好管理孩子们上网课的准备。从教学的角度来看，我感同身受。我已经在线上授课15年，但仍然没能产出任何像我刚刚在可汗学院（Khan Academy）看的两分钟代数视频那样吸引人、有内容的东西。当我看到我的孩子在不合格的学习环境中上课，看到如今商业化的在线学习内容（包括付费课程和免费资源），就不得不开始思考数字教育的起源、现状和未来。

我可以清晰地看到在线教育的未来：包括一位能够交互的虚拟

课堂助手，带领孩子们完成个性化的课程。虚拟课堂助手由三维建模而成，就像《星球大战4》中的莱娅公主那样。莱娅公主会向欧比旺①求助，请他帮忙对抗银河帝国。虚拟课堂助手是一位亲切的、永远充满耐心的导师，能根据孩子的兴趣定制学习活动，通过这些活动鼓励孩子，与世界各地的孩子进行即时视频连线，让孩子们进行跨文化交流合作，了解其他文化的家庭、学校和生活。个性化在线教育是一个很有前途的解决方案。传统教师为了满足过度拥挤的教室内学生的需求，不得不采取一体适用的教学方法。而个性化在线教育则可以很好地解决这一问题，潜力无限。

相比之下，我的孩子进行的在线课程主要是静态的在线作业，其中偶尔穿插着视频会议或同学交流。在过去的一年里，学校生活成了社交荒漠。"这对他们有什么影响？"我问丈夫，"会不会导致父母成为他们唯一的社会联系？"他摇摇头，没有答案。

这个念头促使我在技术使用限制方面发生了结构性改变。通常，我对屏幕使用时间和在互联网上建立社交关系的规定相当严格，但现在，我开始允许孩子在游戏时与朋友聊天，允许他们给朋友发短信，一起在 YouTube 上看视频。我意识到了一些重要的事情：社交是一点一滴建立的。媒介理论中的一条指出，媒介对人

---

① 即欧比旺·克诺比（Obi-Wan Kenobi），《星球大战》中的人物，一位绝地大师。

的影响可以如滂沱大雨一般，把信息"漫灌"进我们的大脑，构建或改变我们的观念，也可以如涓涓细流"滴入"我们的世界，潜移默化地塑造着我们对种族、性别等事物的态度[37]。也许今天的孩子不需要和朋友煲两个小时电话粥这样的"漫灌"来培养他们所需的社交技能；他们只需要在游戏里语音聊天、在社交媒体上留言，通过这些"细流"结交朋友。最终，这些细流将不断汇聚，慢慢地，给同事的电子邮件、给朋友的短信、与恋人的视频聊天将成为生活的"主流"，青少年时期留下的数字"足迹"不见了。

认识到这一点很关键，这能帮助我正确看待自己的生活。我不再带着指南针和水壶在大草原上游荡了；我有苹果手机和在亚马逊上订购的 Hydro Flask 保温杯；我用 Excel 制作饼状图，在笔记本电脑上写书；我给朋友们发短信，很少再给他们打电话了。我们的孩子确实需要知道如何在当今的世界中使用科技产品，利用好科技可能会帮助他们在事业和社交中取得成功。虽然他们可能缺少肢体上的接触（至少是来自朋友的接触），但他们从网络生活中得到的社会联系如"涓涓细流"，就像我们在医院里给婴儿打的蔗糖点滴一样。这已经足够了。

童年生存指南

不抱一抱、亲一亲你的孩子吗？

生存技巧7 你的父母和祖父母成长的时代与现在不同。在那个时代，人们重视卫生和食物营养，不提倡爱抚孩子。他们给你的育儿建议可能与今天的专家不同。如今我们得出的结论是，身体接触是无价的。肌肤相亲、拥抱和抚触——从婴儿来到这个世界开始，亲昵的爱抚就会对他们的健康成长产生深远的影响。当婴儿哭泣时，把他们抱起来，充满爱意地抱着他们，能抱多久就抱多久。最后一次拥抱子女的时刻，将会如一个平凡的时刻不经意地溜走。蓦然回首，你才意识到人生中的那个阶段已经结束了。

布猴子还是铁猴子 —— 触感和食物哪个更重要？

生存技巧8 虽然布猴子和铁猴子听起来都不怎么样，但对于与母亲分开的小猴子来说，它们宁愿选择每天花20个小时的时间搂着那只布猴子，摇着自己，抚慰它们那颗孤独的心。接触性安慰似乎在健康关系的发展中是最重要的，它不仅有助于社会化，而且亲密的互动能促使儿童更聪明。请多给你的孩子一些身体接触的机会吧，多碰碰、多摸摸他们。

我妈妈和汤姆·布拉迪的相同点

生存技巧 9 你是子女爱与亲密关系的最大来源。你在孩子童年时代对他们表达的感情将对他们未来的所有关系产生持久影响。如果你想让孩子知道如何去爱人，就要先去爱你的孩子。传达爱意的方法不局限于抚摸、亲吻。我们都受到父母为我们设定的模式影响，而且不是所有人都能适应亲密接触。但你必须为孩子付出些什么。找到适合他们的方法并持续地坚持下去。

罗杰斯先生 vs. 海绵宝宝，谁能胜出？

生存技巧 10 罗杰斯先生大概是我最喜欢的角色，而海绵宝宝可能是我最不喜欢的。然而，一个残酷的事实是，弗雷德·罗杰斯在 2003 年去世了，而海绵宝宝仍然在尼克儿童频道播出。正如罗杰斯先生所说："在这一生中，你没有时间去做你想做的每一件事，所以你需要做出选择。希望你的选择来自你对自我的深刻认知。"决定你是谁、你希望孩子成为什么样的人，并对孩子所消费的媒体做出有意的选择。尽一切努力，确保你在他们年轻的大脑中填入培养同情心、善良、求知和多样性的节目。支持公共广播，要求为儿童提供更多教育类节目。如果你想让你的孩子停止观看YouTube 网红视频，记得制定规则。

来自硅谷的"花衣吹笛人"

生存技巧11 在使用科技产品方面，你可以教孩子的最重要经验与全世界专家的观点是一致的：不要让电子产品使用时长影响锻炼、户外时间和睡眠。如果你想让孩子真正茁壮成长，那就引导他们远离自拍，多做 Excel 图表。如果硅谷的高管们能对自己的孩子如何使用科技产品做出严格限定，那么你也可以。

一代人有一代人的"草原"

生存技巧12 不能把孩子的生活和自己的相比。这不公平。如果你是从只有三个频道、一台电视和一套百科全书的时代成长起来的，那你根本不知道在抖音短视频和网飞的时代中长大是什么感觉。也许你十分怀念过去的日子，但必须承认这个充斥着科技产品的世界有着不可抗拒的吸引力。使用科技产品很容易，也容易上瘾。我们现在已经知道，过度使用科技产品可能对儿童有害。如果你发现12岁的孩子吸毒，你绝不会给他提供毒品。永远不要害怕对他们的手机做同样的事情。

欧比旺，你是我们唯一的希望

生存技巧13 高速发展时期一定会遇到一些成长的烦恼。我们目前正处于技术创新的尴尬少年期，充满了焦虑和不确定性。但希望就在不远处，最好的、最有益的创新——那些能帮助我们的孩子更好地学习和社交的创新——还在后头。这是一个令人兴奋的时代。即使经历了新冠疫情，孩子们也都还好。即使在极度孤立的时期，他们也熬过来了。重塑你对社会关系的看法。接受孩子们不再需要指南针来穿越草原的事实，对你的孩子而言，谷歌地图其实更好。

关于科技的附加建议

当你试图塑造孩子的世界时，科技产品将是一个必要的考虑因素。使用多少？什么时候用？用什么类型的产品？在什么场合使用？在你把任何电子设备放在孩子手中之前，确保你已经制定了关于它的使用规则。确保你和你的伴侣（如果你有的话）意见一致。当父母意见不一致时，孩子和父母之间关于电子产品的争吵就会加剧。常识媒体和美国儿科学会提供了一些参考信息，但几乎没有硬性规定。请即兴发挥，或和孩子沟通。但无论你做什么，都要建立一些电子设备的使用规则。

第三章

友情生存指南

双杰记

1870年7月,有位塞尔维亚牧师的儿子,名叫尼古拉,生活在东欧的某个地方,那里如今是克罗地亚共和国所在地[1]。一天,少年尼古拉突然病倒,医生们都觉得他必死无疑。他们打发他去公共图书馆做书籍的分类和编目。书海之中,年轻的尼古拉被一套丛书吸引了。后来他说,这些书是他得以奇迹般康复的原因。书的作者是美国作家塞缪尔·克莱门斯(Samuel Clemens),他有一个更为人熟知的笔名——马克·吐温(Mark Twain)。

几十年后,尼古拉已经从那次大病中痊愈,成了崭露头角的发明家。和许多人一样,为了获得实现梦想的机会,他搬到了纽约。1890年是他梦想照进现实的关键节点——他成立了自己的公司——特斯拉电力照明和制造公司。没错，这位曾身患重疾的克罗地亚青年就是尼古拉·特斯拉（Nikola Tesla）。之后的几年里，特斯拉提出了一系列新创意，申请了专利，并通过与其他电力公司的一系列合作，努力将他的发明应用于现实。这让他看到自己设计的交流电系统成功应用于现实——如今，全球各地的电源线和插座所使用的电力系统都是他发明的交流电系统。与此同时，那位助特斯拉战胜病魔的作家塞缪尔·克莱门斯已成为一名畅销书作家，一位兴趣广泛、具有前瞻性的思想家，他从特斯拉发明的电机上得到启发，将其视为未来的发展方向。

在电力和创新上，两人产生了共鸣，由此美国文学之父克莱门斯和历史上最伟大的科学头脑之一特斯拉建立了友谊：起初是通信，而后发展到促膝交流。克莱门斯当时正旅居欧洲，回国后，他们在特斯拉的实验室见面了。后来，两人还在美国第一个男子俱乐部——纽约的玩家俱乐部里见面。这两位19世纪末在各自领域熠熠生辉的杰出人物成了朋友，发展出一段持续了二十年的友谊。

诚然，不是所有人都能拥有这样的友谊，我们普通人交个朋友不会上新闻，也很少有人能和明星、名人心有灵犀。不过，我们大多数人都维持着自己的友谊。研究表明，每个人平均约有四个亲密的朋友,对许多人来说,"朋友"这一角色通常发挥着鼓舞人心的作用[2]。而且朋友关系往往是很持久的,它可能是除了兄弟姐妹之外,我们一生中最持久的关系。

女童子军、蒙奇奇和四年级那场难忘的拼写比赛

我想带你们从头开始理解友谊在这个世界上的意义。现在,试着回想你第一个最好的朋友。这个人是谁?为什么在所有你认识的人中,你选择了他/她?

有些人可能在想,应该是偶然的机会,或者特定的环境,才使得你和你的第一个朋友彼此吸引,走到一起。其实在某种程度上,几乎所有的友谊都是由环境决定的。谁能成为你的第一个好朋友?决定因素往往与你父母的高度相关,比如你和父母所居住的国家、城市和社区,以及家庭的社会经济地位、你的学校、宗教信仰、与其他社会组织的关系,等等。但是,假设你人生的第一个密友并非完全由环境决定——不是那些住在你家隔壁的玩伴,或者你父母朋友的孩子,那么你的"第一个好朋友"更可能会是自主选择下的产物。因为从出生起,无论有心还是无意,你都在通过"主动的(或选择性的)基因—环境互动"来寻找与你的基因构成相匹配的特定环境,简单地说,就是"选

窝效应"。[3]

20世纪80年代初,我上二年级时,家人从印第安纳州的一个小镇搬到了约50公里外的另一个小镇。尽管两个镇子离得不远,但我在新的环境里一个人都不认识,而且我们还是在某一学年中间搬的家,导致我更无法适应艰难的过渡期。幸运的是,我找到了一个能帮助我适应新环境的组织——女童子军[4]。在美国,女童子军已经存在了一个多世纪,女孩子们可以在这里取得荣誉徽章、出售饼干、制作工艺品,这满足了当时年仅七岁的我对课外活动的一切想象。各支队伍还会集会、短途旅行,甚至有可以过夜的女童子军营地。我参与的这支队伍格外活跃,女领队是警长的妻子,他们的女儿茱莉亚有一头金色卷发,精力充沛、活泼可爱,还和我是同班同学。加入了这支队伍,意味着我能受邀参加茱莉娅盛大的家庭生日派对,在她家的大房子里进行充满乐趣的冒险游戏,所有到场的女孩都会收到塞满芭比娃娃、纸娃娃和蒙奇奇(20世纪80年代初在美国流行的日本猴子玩偶)的礼物袋。

但我在这里交到的最好的朋友不是茱莉亚。引起我注意的是队伍中的另一个女孩莉·安。她的哪些特质吸引了我?也许是她沉着冷静、平易近人的性格,也许是她的幽默感。我眼中的她总是镇定自若,把一切事情都安排得井井有条。我们虽然住在同一个社区，看似很方便走动，但实际上她家和我家相隔很远，直到小学四年级时，我才能单独骑车跨越这段"遥远的"距离。就在四年级那一年，我在学校的拼写比赛中输给了莉·安。我还记得当时是在学校的体育馆里，她和我单独在台上进行最后一轮比赛，赛况正酣之时，我拼错了"边界"这个词（有点讽刺意味的是，如今我成了一名研究人际关系的学者，最不能丢的就是"边界感"），她因此捧回了冠军的奖杯。到五年级时，我们会一起偷偷蹭六年级的数学课和社会研究课。整个小学阶段，我们俩一直轮流当班上的第一名和第二名。从那时起直到现在，我们始终志趣相投，是最好的朋友和灵魂伴侣。

第一次见到莉·安时，我并没有问她的成绩如何，她镇定自若的举止也没有给我留下成熟稳重的印象。七岁的我只知道一件事：我真的非常喜欢她。现在回想起来，我才意识到可能是我的基因选择了她。我喜欢莉·安，跟我喜欢做许多事情是相同的感受：看书、参加拼写大赛、参加给我授予徽章的女童子军课外活动等。而她也同时被我吸引了。我们就像一杯水中的两滴油，"在同一个杯子里"是能把我们聚合到一起的唯一前提，但我们之间能产生联系，是基因构成的结果：我们天然地被对方的同质性吸引。就像油在水中一样，在本质上我们是相似的，因此别无选择，只能结合；如果有人试图通过搅拌来分离两滴油，也很难将我们分开。正是这种同质性和相似性，让我们像克莱门斯和特斯拉一样，维持了40年的友谊[5]。

有一个像莉·安这样的朋友能带来什么价值？研究显示，价值很大。20世纪早期的心理学家低估了友谊的价值：当时负有盛名的西格蒙德·弗洛伊德（Sigmund Freud）和约翰·鲍尔比（John Bowlby）将研究重点放在了人类婴幼儿时期的看护者身上，研究这些人在塑造人格和情感依附等方面的作用。然而，在20世纪后期，埃里克森在他的社会心理发展阶段理论中扩大了上述作用所影响的时间和范围[6]。埃里克森是弗洛伊德之女安娜的学生，他赞同弗洛伊德和鲍尔比的观点，即早期看护者和其他家庭成员的情感依附关系塑造了儿童的个性[7]。但反过来，他完全不认同弗洛伊德的"性和性欲是人类发展的基础"这一理念。埃里克森还认为，当一个人过渡到青春期和成年期时，会遇到更多家庭以外的个体，比如朋友、同龄人和同事。与他们的关系，在我们社会情感的发展进程中会愈加重要。例如在青少年时期，朋友和同龄人在塑造我们的身份认同上至关重要，他们帮助我们思考"我是谁、我想成为什么"这样的问题。随着年龄渐长，朋友和恋人帮我们对抗孤独感，在解决亲密关系危机中扮演着重要角色；就像婴幼儿时期看护者所做的那样，教我们如何去爱。

如今，友谊的价值不会被忽视，这已无可争议。朋友，尤其是亲密的伙伴，是我们得到支持、满足和获取亲密关系的最大来源之一。同时，交朋友还是长寿的秘诀之一。还记得我在第二章中提到的哈佛成人发展研究吗？这项研究的现任负责人保管着所有研究数据，具有该研究意义的解释权。她说："我们从这项长达75年的研究中得到的最明确的信息是：良好的人际关系使我们更快乐、更健康。"[8]该研究显示，研究对象的友谊越深厚、越牢固，他就越长寿、越健康。当他们被要求提供"自我画像"时（也就是详述他们生活的重要方面），其中五分之一以上的人都提到了朋友，此外还有家庭和事业[9]。科学作家莉迪亚·丹沃斯（Lydia Denworth）在她2020年出版的《友谊》（*Friendship*）一书中强调了朋友的价值，她起的副标题是"生命基本纽带的进化、作用机理和非凡力量"（*The Evolution, Biology, and Extraordinary Power of Life's Fundamental Bond*）[10]。维系一段深厚的友谊与我们的睡眠质量、心血管功能等各方面都有相关性，似乎也是长寿的关键因素。2010年，研究者对包含世界各地30多万人在内的148项研究进行了综合分析，结果显示，无论年龄和健康状况如何，朋友关系牢固的老年人比友情淡漠的同龄人长寿概率大50%[11]。最令人受益的友谊不仅能延年益寿，也能带给你丰富的社会支持，反映你的人际关系网。在下一节中，我将阐述朋友的数量和质量固然重要，但同时，人际网络的多样性也会令人受益。

与陌生人交谈的价值

生活在当今时代，我们比前人有着更多探索友谊多样性的机会。诚然，同性相吸（被那些在关键方面与我们相似的人所吸引）仍然是我们选择重要伙伴关系的影响因素。然而，互联网为我们打开了新的世界，使我们有可能与来自全球各地、背景迥异的人建立同样有意义的伙伴关系。在20世纪60年代及其后的几十年里，利用陌生人社交来扩大人际关系网的选择是非常有限的。其中的一个选项是结交笔友，通过传统的通信交流，让世界各地不同城市的人通过文字联结到一起，当时的很多学生都是这样做的。到了20世纪80年代，随着"派对线路"（party lines，一种可以实现多线程通话的方式）的出现，陌生人之间的交流扩展到了电话通信：在美国，只要拨打按分钟付费的900开头的号码，你就能以每分钟0.45至1美元的高昂价格与陌生人谈天说地[12]。尽管现在的年轻人早就不使用这种付费的"派对线路"了，但这并不意味着他们丧失了与陌生人交流的兴趣；恰恰相反，如今的互联网正以社交媒体和其他聊天媒介形式免费提供类似的服务：陌生人可以在网络上相遇、聚会，进行群聊。

人们可以在"笔友网"（pen pal）的官方线上空间会面，与来自世界各地的人聊天，甚至一起参与与气候变化、机器人技术等重大主题相关的项目学习[13]。除此之外，从游戏聊天软件如Discord，到更传统的社交媒体应用程序如色拉布，再到基于音频的聊天软件Clubhouse……我们还有无数种与陌生人交流的选项。美国歌手兼作曲家约翰·梅尔（John Mayer）甚至在2017年的一条推文中提出了一种新的方式："应该让每个等待人工客服的用户能一起聊天。"[14]这篇推文实际上触及了本书所讨论的本质问题：我们渴望通过与陌生人交流来扩大自己的人际网络，不仅是因为我们渴望多元化的新生事物，也是出于我们对人际交流的基本需求。而在当今世界，我们对日常交流的渴求很容易转向一些"去个性化"技术手段，比如有人希望能在打客服电话的时候发展积极的人际关系。

这就像我们有时会在飞机上社交一样。根据英国汇丰银行资助的名为"飞翔之地"（Flyland）的研究，超过一半的飞机乘客会与坐在他们附近的人交谈，分别有14%和16%的人建立了亲密的友谊或商业联系[15]；其中2%的人还在飞机上找到了恋爱对象。就我个人而言，这些偶然的会面确实具有一定价值。在一次飞往首尔长达12小时的航班上，我在后6小时一直在与一位韩国商人交谈（为了理解对方的意思，还配合着写写画画），他创办了一家叫"基因盒子"（MyGenomeBox）的公司，将计算机分析与基因组学结合起来，根据人们的基因特征来调整他们的饮食和运动[16]。在飞往西雅图的飞机上，我遇到了一位前美国海军飞行员，他曾在航空母舰上负责飞机降落方面的工作，现在是亚马逊的物流专员，负责Prime Air空中配送项目，该项目目前获得联邦航空管理局的批准，将使用无人机向美国的亚马逊客户运送包裹[17]。2020年，我遇到了一位从纽约出发的住院医生，过去的八个月，他一直在纽约治疗新冠肺炎患者，彼时终于要回家看望他在北卡罗来纳州的家人。回首过去，我在世界各地的飞机、火车上遇到过成百上千的人。其中有一些人，像我前面提到的这三位一样，深深地启发了我，让我打破经验思维的定式，拓宽了视野。可能只是一句善意的话，一场气氛友好的聊天，甚至只是一个微笑，就让我的一天变得更加明媚。我为什么要积极寻找陌生人进行社交？因为我是一个快乐的人，我还想变得更快乐。

芝加哥大学商学院教授尼古拉斯·埃普利（Nicholas Epley）和朱莉安娜·施罗德（Juliana Schroeder）曾说："社交联系的感觉会增加人们的幸福感和健康指数，相反，断开联系的感觉则令人沮丧，使人健康指数下降。"[18] 在他们2014年发表的题为《误寻孤独》(*Mistakenly Seeking Solitude*) 的文章中，埃普利和施罗德发布了一系列研究，检验了一些与"和陌生人交流的倾向和益处"有关的假说。他们假设，人们可能因为各种原因而不愿意与陌生人交谈，原因之一是在面对过剩的社会选择时，人类进行了有目的的决策——这是一种社会或认知的经济化；或者，人们可能是基于一种错误的假设，认为陌生人会是糟糕的聊天对象，或者这种社会支持的来源是不合适的；也可能是由于一些社会道德规范的限制，阻止了人们与未知对象的接触[19]；再或者，尽管亚里士多德声称人类在本质上是社会性动物，但我们可能有一种生理上的独处倾向。毕竟，灵长类动物的祖先本就是一个独居物种，只是当他们将日常活动从夜间转为日间时，才过渡到成对和成群的群居社会结构[20]。不知道是什么原因，全世界数以百万计的通勤者选择了独处，沉浸在手机、书籍或自己的思维世界中，对身边的乘客视若无睹。不信的话，下次你坐公共汽车或火车，在电梯或候车室里时，可以尝试数数你看到多少人在和陌生人说话。在那些最为公共的地方，在我们最容易与其他人交流、帮助他们的地方，我们选择了忽视。正如埃普利和施罗德所表明的，这对我们来说或许是不利的。

埃普利和施罗德的研究助理进行了相关的田野调查，他们招募了一些早上乘坐通勤列车进入芝加哥市区的人作为参与者，然后将这些通勤者随机分配至三种条件下的某一组。在交流条件下，他们需要尝试与一个陌生人进行对话，尝试找出关于这个人的有趣信息或故事，并要用自己的一些信息作为交换。在独处条件下，他们要完全与外界隔绝，专注于自己的思考中。在控制条件下，他们需要维持平时自然的状态。你认为这三种情况下，谁的体验感最好？体验结束后，参与者对他们感受的正向性进行了评分，报告显示，在交流条件下的人们明显比在独处条件下展现了更强的积极性。与陌生人交谈——即便是在被要求情况下（回想一下我在序言部分中谈到的心理反应）——也会给人带来愉悦感。然而，现实中的大部分人可能并不这么想。

在接下来的相关研究中，研究助理要求同一车站的其他通勤者想象着自己正处于上一项研究中发生的三种情况下，并且预测在每种情况下他们的幸福感指数有多少，愉悦的体验感有多强。而这一组通勤者的预测方向跟上一组的现实情况完全相反：他们认为自己在独处条件下会有最积极的体验感，而交流条件让他们的感受最为负面。埃普利和施罗德在芝加哥的公共汽车上对上班族重复了这项调研，并发现了相似的趋势。不管在什么公共交通工具上，与陌生人交谈都会给人们带来积极的感受，但我们好像错误地认为独处才是最快乐的。社会参与，似乎才是幸福的关键。

不社交，可能会折寿

尽管如此，确实不是每个人都能感受到在火车上与陌生人交谈的乐趣。甲之蜜糖，乙之砒霜，个体差异很重要。因此人们普遍认为，相比于外向者，内向者在与陌生人交谈时可能不会获得那么多乐趣。事实真的如此吗？虽然上述通勤研究没有进行直接调研，但前人同样有研究表明，其实内向者和外向者在社交参与中获得的愉悦感是同样多的[21]。两个群体之间的主要区别在于他们自身的态度和认知，换句话说，外向者往往提前预判自己在社交过程中会获得许多乐趣，而内向者则恰恰相反，极可能会进行错误的预判，认为社交事件是一场灾难，但现实往往比他们想象的好多了。这些错误预判是会产生后果的：内向者常常会因此逃避社交活动，他们展现出来的幸福指数明显低于外向者。

如果这还不足以让内向者多参加社交活动，那么请回顾我在本章前面提到的对148项研究的综合分析：坚固的友谊可以助你延长寿命[22]。在这种情况下，社会隔离也成为预测死亡率的重要因素之一。一个人在社会上越被孤立，他死亡的概率就越大。因此，会社交可能是生存的必要条件。

幸运的是，现在的社交网络触手可及。也许我们无须再在聚会上和陌生人交谈，而是可以在舒适的床上，穿着拖鞋和睡衣，登录自己的社交账号，获得我们所需要的社交鼓励。这样我们就能活得更长久、更轻松、更快乐吗？不幸的是，答案似乎没有那么简单。我在前文中有所论述，一些研究表明，对社交媒体的投入程度与心理不健康的程度呈正相关，例如对美国和冰岛青少年的研究[23]。但具体到社交孤立的问题，该如何处理呢？或许社交媒体可以让人们在网络空间中感到不那么孤独？

这听起来很有道理，事实却并非如此。在一项针对美国刚成年的人群的研究中，使用社交媒体频率最高的人同时也体验到了最强烈的孤立感[24]。事实上，即使考虑到可能使人们感觉到社交孤立的变量，如年龄、性别、关系状况和生活状况，使用社交媒体频率最高的25%的人和使用频率最低的25%的人相比，前者感到社交孤立的可能性是后者的两倍。这就是社交媒体的双面性：一方面，它为我们开启了新的社交世界；另一方面，它将我们的现实生活圈禁在四面高墙之间。无论我是在寻求支持、交流，还是只想娱乐一下，使用社交媒体可能都无法满足我的需求。事实上，它可能会加剧我的孤独感。但上述研究无法确定这些想法，这只是一项相关性研究，无法确定因果关系。为了弄清楚其中的影响趋势，我们需要进行一项实验。

研究人员在过去的几年里一直致力于这项实验。2018年，宾夕法尼亚大学的科学家们招募了143名本科生，进行了为期三周的"社交媒体'轻断网'实验"[25]。第一组就维持平常使用社交媒体的状态，在接下来的三周里，他们的使用情况将会被跟踪，但不会被干预。第二组被限制了三个社交平台（脸书、色拉布和Instagram）的使用，每个平台每天的使用时间只有10分钟，这些使用情况同样也会被跟踪，以确保各小组成员遵守规定。三周后，实验结束，两组人都减少了一定程度的焦虑感。这表明，仅仅是关注到自己的社交媒体使用时间，就能在一定程度上减少焦虑。而那些真正做到"轻断网"的人收获更大。将三大社交媒体平台的使用时间限制在每天30分钟内的人，相比于另一组而言，孤独感和抑郁感明显减少了。本书的序言部分提到过一项研究：已婚人士并不是性生活越多越幸福。我指出了研究本身的各种问题，这些问题阻碍了人们在实验过程中的幸福感体验。例如，研究对象被要求做这做那，但人们本身就不喜欢受人摆布。然而，在这个"轻断网"实验中，即便这些刚刚成年的人被限制了社交媒体的使用时间（至少对某些人来说，这个限制本身就够讨厌的），他们还是感觉比从前更快乐，这更能说明"轻断网"是有用的。

看到这里，你应该已经清楚，本书讨论的话题，答案很少是直截了当的，通常需要考虑大量其他的解释因素。记得重点是：这只是一项单一研究。虽然近期大多数研究表明，过度使用社交媒体有各种负面影响，但研究结果却并不趋同[26]。此外，在我综述的研究中，研究人员并没有探讨增加社交媒体的使用是否会对心理健康产生积极影响，这类研究应该与前文中关于性爱和甜甜圈的研究类似：研究对象将会在实验室中，被要求在几周或几个月内增加社交媒体行为；研究人员随后会对他们的幸福感、孤独感和抑郁水平进行评估。不过，这类研究不太可能实现，除非研究普通的情感从"社交媒体接触带来的损害"转变为"社交媒体接触的积极影响"，否则进行这种研究就是不道德的。作为心理学家，我们不应该进行潜在危害大于益处的研究，这样的研究是没有前途的。但也有许多其他问题需要考虑。心理学家伊桑·克罗斯（Ethan Kross）及其同事阐述了迄今为止社交媒体研究中的几个问题[27]。例如，社交媒体对心理健康的整体负面影响很小，通常没有临床意义。此外，人们使用不同的术语（如社交媒体的使用、社交网络或在线互动），以不同的方式衡量其使用情况（例如，脸书、色拉布或所有社交媒体），最终导致了一个麻烦问题——太多的种类和标准，反而导致明确的答案太少。

最后，我想表达一下我对这类研究的批判重点。年轻人在"轻断网"后焦虑和抑郁减少，可能并不是因为他们减少了社交媒体的使用，而与他们进行了更多其他活动有关。现实情况下，沉迷网络的时间本可以用来做其他事情，这些替代活动可能对健康更有益。例如，在不使用社交媒体的30分钟里，人们也许会选择去运动。运动能缓解焦虑和抑郁的症状，这点是有丰富的资料可考可证的[28]。因此，如果研究人员不是每天减少30分钟的社交媒体使用，而是让实验组的人每天增加30分钟的运动时间，也许会得出相同的甚至更积极的结论。或者让被试者去完成一项任务，像与宠物玩耍、做志愿者、享受按摩……有很多方法都能降低焦虑和抑郁水平。重点是，相比于被剥夺了什么，被赋予的东西可能更加重要。

朋友就是财富

总的来说，社交的益处是无可争议的。专家们一致认为，参与社会活动是有益的，朋友能帮助我们活得更长久、更快乐，友情也可能会使我们变得更聪明。朋友不仅可以为我们的世界带来不同的观点和经验，还可能以更直接的方式影响我们的认知和成长，例如，推荐书籍、分享音乐、谈论艺术和一起旅行。不仅如此，仅仅维持一段友谊就需要双方付出一定的认知上的努力。为了成为一个好伙伴，我们要去了解自己社交圈的各种行踪。"他星期五晚上要去哪里？""她工作结束了吗？""已经有一段时间没有她的消息了，我也许应该发个信息"……而且我们还必须去试图协调那些生活中出现的、促进我们理解复杂人际关系的刺激[29]。例如，你认识了一个新的约会对象，这可能意味着你将错过每周日和其他朋友的早午餐。这些简单的迁就行为实际上是思考复杂人际关系的方式。提出社会脑假说①的英国人类学家罗伯特·邓巴（Robert Dunbar）认为，这是人类进化的关键之一。根据邓巴的说法，形成社会群体有助于人类大脑向更强、更复杂的方向成长。[30]

友谊应该有一定的生物学意义。如果你从来没有听说过中脑边缘通路（mesolimbic pathway），那么请允许我先简单普及一些有趣的脑生物学知识。中脑边缘通路是一组神经元，它们将中脑腹侧被盖区（ventral tegmental area，中脑的一部分，以其产生多巴胺的神经元浓度而被人熟知）和纹状体（前脑基底神经节的一部分，包含伏隔核，会在接收到奖赏预期时被激活）[31]。多巴胺则是与快感联系在一起的一种神经递质。尽管能接收并反馈奖励和快感的大脑区域有很多，但中脑边缘通路——以其大量的多巴胺——通常被称为"奖赏通道"。当我们有愉悦的体验时，多巴胺会沿着这条通路在神经元内流动，这就是触发我们积极情感的原因。因此，无论是研究可卡因成瘾还是吃巧克力上瘾，相关研究的主要研究对象都是中脑边缘通路和多巴胺。

---

① 社会脑假说（social brain hypothesis）认为，人类的大脑在社会交往中具有很强的适应性，同时，社会交往也对人类的发展至关重要。

这与社会参与有什么关联呢？首先，让我们了解一下奖励机制。在获取这种体验的过程中，有两种类型的强化，能提高体验速度或增加行为发生的可能性。一级强化是由生物学决定的。它们能在没有任何训练或经验的情况下，激发人体的自然反应。性、食物、积极的触摸、饮料——这些都会激活我们大脑中的多巴胺通路，如中脑边缘通路，我们由此会感受到快乐。这些不需要习得，身体会自然做出反应。而次级强化就不属于生物学层面了。金钱、掌声或成就这样的强化因素与一级强化产生了联系，激发了我们的奖励机制。比如，金钱可以买到食物和饮料，甚至在某些地方能换取触摸和性。将这些让人产生愉悦感的生理经验与金钱联系在一起，我们由此开始热爱金钱与财富，使其成为了一种奖励。

朋友也是如此。他们本身不会激起任何生理反应。但是当我们学会将朋友与一级强化物联系起来——比如食物、饮料和拥抱，那么友情也成了一种奖励。因此，我们往往会花时间与朋友相处，一起聚餐、聚会，一起做那些使我们感到快乐的事，这是有一定道理的。从本质上讲，我们的生理感官体验使多巴胺和催产素进行集中分泌，但我们可能会将这些奖励感受归功于陪伴我们的人。从前，大脑由与新奇刺激相关的简单奖励驱动，而随着时间的推移，我们拥有更多的亲密关系，大脑也逐渐适应了与长期关系相关的依恋导向驱动[32]。也许这就是为什么我们总是听到人们在分手后要吃冰激凌的故事。由于失去了与我们所爱的人在一起时所产生的催产素，我们渴望从一桶本杰利牌冰激凌中迅速获取多巴胺带来的简单快乐。

需要多少冰激凌才能填满一颗空虚的心？

如果这种匮乏不是一时的体验呢？那些为维持社会关系而挣扎的人怎么办？需要多少冰激凌才能填满一颗空虚的心？

在一项使用盖洛普世界民意调查数据的研究中，那些世界上最不幸的人中有一半认为他们没有来自社会的支持[33]。他们也有压力，有时处于痛苦或健康状况不佳的状态，缺乏与他们的需求相匹配的社会资源。这些不快乐的人占世界总人口的0.6%，虽然只占一小部分，但世界上并不是只有他们才体验到社会支持的匮乏。中度快乐的人大约占世界人口的8.6%，所报告的社会支持水平也低于那些最快乐的群体。

然而，这并不是唯一一项反映内心空虚状态的指标。在美国、英国和日本进行的孤独感调查显示，全世界有数百万人是孤独的（在上述国家，分别为22%、23%和9%）。与缺乏社会支持一样，被孤立的感觉在某些人群中更容易发生。在这种情况下，那些孤独的人更有可能是年轻的群体（50岁以下），未婚、健康状况不佳（包括身体和心理），经济状况也更糟糕[34]。

被孤立和缺乏社会支持的背后有着重大的公共健康风险，使人类付出了高昂的代价。孤独的潘多拉魔盒一旦打开，吸毒、抑郁症和自杀等问题便会随之涌出，给人类生活和世界经济都带来了巨大的冲击。仅在美国，这些问题的总经济负担就达数千亿美元[35]。孤独感是如此突出和严重的威胁，以至于一些组织已经提出了相应的解决方案，例如，由著名健康战略家露西·罗斯（Lucy Rose）组织的"孤独的代价"项目，美国心理学会的众多相关研究人员都参与其中[36]。这些举措表明，人们终于开始认识孤独感的极大危害，意识到它会令人类付出巨大代价。同时，我们不再忽视人类的心理疾病。未来充满了希望，对抗心魔的唯一途径就是认识到这一问题的重要性，然后共同努力。

与此同时，有些人正在采取更实际的方法。认识到了友谊的价值，全世界的企业都在提供在线交友服务。现在很受欢迎的交友网站 Bumble（一款在线约会应用）就有这样的衍生服务（Bumble BFF），它的宣传语是："简单便捷，一键创建友谊。"在这里，人们不再浏览潜在约会对象的资料，而是试图直接寻找可以与之联系的朋友。虽然有个用户说，他在这里找到的俱乐部推销员比真正的朋友多，但我想，就像网上约会一样，手指向右滑动就能找到朋友①，这一点是有吸引力的[37]。虽然就目前而言，这并不是最佳的交友选项。

如果在线交友失败，你也可以租一个朋友。在日本等地，朋友租赁服务一直存在，像家庭浪漫企划（Family Romance）这样的企业能提供数百名演员。从儿童到老人，从恋爱对象到父母再到葬礼上的哀悼者，他们可以扮演任何角色[38]。而随着像"租个朋友"（RentAFriend）这种国际网站的出现，全世界的人都可以以每月24.95美元、外加"交友时间"的价格租用一个当地朋友。也许你正在寻找一个可以一起看电影或吃饭的人，或者你想找一个可以一起旅行或健身的伙伴。租个朋友网站上有60多万个朋友，似乎有很多选择。但这些租来的朋友能有多牢靠？在线服务能引导我们走向真正的友谊吗？友谊，似乎是建立在相互信任、包容和相似性的基础之上的[39]。坏消息是，你在交友软件上因为共同爱好瑜伽而"右划"找到的朋友，或者租来一起看电影的朋友，可能并不符合上述所有条件。尽管如此，一位租友者在接受采访时还是这样说："感觉比一个人好。"[40]

我们喜欢在自己身上玩心理游戏，即所谓的"公正世界现象"。我们倾向于认为世界是公平的，善有善报，恶有恶报。我们常常

---

① 指智能手机中的"右划"交互手势。在该应用程序中，用户用手指向右划动屏幕，即可快速浏览速配资料。

这么想，却要应对一个极不公平的世界。孤独的人——比如披头士乐队在歌曲《埃莉诺·里格比》（*Eleanor Rigby*）中写到的那些人并没有做错什么，却失魂落魄，让世界对他们产生了偏见。就像我们无法想象与闪闪发光的世界明星做朋友一样，不是所有人在渡过难关时都拥有好友特权。但人人都应被友情所眷顾。网络联结的世界越开放，人们就有越多机会与志趣相投、有相似经历的人建立联系。即便这是互联世界的唯一好处，也足够了。

友情生存指南

双杰记

生存技巧14 20世纪初，克莱门斯和特斯拉两人身在异地，而且那个年代并没有跨大西洋的航班。在这种情况下，他们都能建立并维持友谊，那么你绝对有理由和你的朋友保持联系。但如果你和你的朋友不是互利互惠的，或者他们不能激励你，那就去寻找新的朋友吧。重要的是，如果你已经有了朋友，即便他们对你的价值是微不足道的，你也要努力维持这些重要的关系。克莱门斯至少要花五天才能跨越大西洋去拜访特斯拉，而你可以花二十分钟给你最好的朋友打电话。

女童子军、蒙奇奇和四年级那场难忘的拼写比赛

生存技巧15 像水面上的两滴油，自然地和那些与你在生物学上相互吸引的人"融合"。到咖啡馆、音乐会、体育赛事或聚会上去寻找他们吧。你甚至可以在网上找到他们。根据你的直觉来选择到哪里去寻找你的灵魂伴侣。

与陌生人交谈的价值

生存建议 16 克服你不愿意与陌生人接触的心理。在通勤或独自冒险时与陌生人聊聊。问他们一些有趣的问题,比如:"你最好的朋友会怎样形容你?"即便是最差的结果,你也可能收获一段愉快的经历,了解茫茫人海中一个独特的个体。你的行为很有可能让他的一天都变得快乐。在最好的情况下,你甚至建立了一段丰富而有趣的关系,拓宽了你的视野和心灵世界。

不社交,可能会折寿

生存提示 17 我承认这有点戏剧性,但社交孤立对人类是有害的。我们被打造为社会人。想想汤姆·汉克斯在电影《逃亡》(Castaway)中的角色。他非常渴望社交,起初甚至会和一只排球聊天。电影《我,机器人》中的机器人也一起蜷缩在他们的金属储存箱中。虽然这些只是好莱坞作家的想法,但也反映了人类的基本需求。只要你能找到社会关系,即便是在网络中,那也去行动吧。不过,还要确保这种行为与你生活中其他有助于提升情绪的活动相平衡,比如锻炼。

朋友就是财富

生存建议 18 我不确定是否有人需要额外的激励才能发展友谊，但拥有几位朋友，除了能建立你的社会资本，实际上对你的大脑也是有益的。花时间与朋友相处可以对大脑产生类似于巧克力或冰激凌的积极影响，但与这些美味的食物不同，朋友是不含热量的。这里有一种加强大脑对朋友的积极反馈的方法：你可以把和朋友们一起进行的外出活动与其他类型的有益体验结合起来，比如和朋友一起锻炼，或者一起外出聚餐。最终，熟悉的东西可以带来和新奇的东西一样多的快乐。

需要多少冰激凌才能填满一颗空虚的心？

生存技巧 19 这个世界上有些人是孤独的——真正的、深深的孤独。我们不能再无视他们的痛苦。抛开这样一种错误的假设：他们做错了什么而使自己沦落到没有社会关系的境地，向他们提供你的同情和支持吧。在我外祖母去世前的两年里，我几乎每天都会在上下班的路上给她打电话。她双目失明，坐着轮椅，在疗养院中度过了在这个世界上最后的日子。在那里，护工们正试图把用建筑纸做雪人卡片当作一项集体休闲活动。和她打电话时，我时而听得清、时而听不清。但我永远不会后悔陪她度过的那段时光。用手机多与其他人联系吧,别忘了给你的外祖母打个电话。

关于科技的附加建议

在排队或通勤时,考虑给几个朋友发条短信或语音信息,告诉他们你在想他们,很珍惜他们,问问他们的生活近况。这可能有助于你保持与朋友的联系并加深友谊,也可能帮助你保持生活平衡。阅读、看电视、听音乐等活动是一种输入,而锻炼、做饭、发信息等活动则是输出。要有意识地寻求平衡。

第四章

网络生存指南

社会技术的全景监狱

18世纪,英国哲学家杰里米·边沁(Jeremy Bentham)和他的弟弟塞缪尔(Samuel)——一位杰出的海军建筑师和工程师——提出了"圆形监狱"(panopticon)概念[1]。当时,塞缪尔生活在俄罗斯,为克里切夫的波特金王子工作。塞缪尔负责监督造船和各种制造业企业,他提出了一个十分独特的构想,能够解决主管们所面临的挑战:如何培训并监督没有经验的工人。通过一系列通信和谈话,塞缪尔和哥哥杰里米·边沁共同设计并完善了圆形监狱结构。在塞缪尔最初提出的构想中,一个人可以站在位于圆形中心的瞭望塔上,监督整幢建筑内各个房间的人的行为,这座瞭望塔被设计成分层的圆形大厅。远在英国的边沁进一步完善了这一设计,借助对社会改革的兴趣,他将这种构想正式应用到监狱的设计中:警卫的瞭望塔位于圆形监狱中央,囚犯的牢房则环绕在瞭望塔四周。所有的牢房都面向中央的瞭望塔,但在这种设计之下,没有一个囚犯会知道他们是否正在被监视。圆形监狱设计的关键特征之一就是这种结构会对被监视者产生潜在影响:由于囚犯不知道自己是否正在被监视,他们会因此而规范自己的行为。从这种意义上说,全景敞视主义(panopticism)既是一种能够观察他人行为的建筑设计,也是一种监视理论建构。

社交媒体出现后不久,人们开始将圆形监狱概念应用于技术世界[2]。圆形监狱的结构与社交媒体架构惊人地一致。但在社交媒体上,圆形监狱的设计被彻底翻转过来:人不是站在"牢房"里,而是独自站在圆形中央;反之,观察者站在四周的"牢房"里,观察着瞭望塔上的人的一举一动。这个人是否真的正在被监视并不重要,重要的是他已经感觉到自己正在被监视。就互联网和社交媒体的情况来看,这种感知与现实相符。

如今,我们的各种电子设备所收集的数据量大到惊人的程度。隐私数据市场的深度、广度如此之大,收集隐私数据的做法又具有很大的争议性,数十年来,哲学、数据伦理、社会科学、商业和计算科学等领域的学者团队一直在研究相关问题。社交媒体刚兴起时,用户几乎没有意识到自己正在被监控,选择进入在线社交网络时会很快点击同意来略过隐私政策提醒。但21世纪初发生的许多事件将隐私安全问题推向公众视野，包括2013年爱德华·斯诺登（Edward Snowden）对美国国家安全局在全球范围内的监控行为的揭发，以及2018年被曝光的剑桥分析公司（Cambridge Analytica）——"脸书"允许这家政治咨询公司获取约8700万用户的数据[3]。这些重大事件推动了公众对数据隐私和安全方面大规模立法改革的支持，比如欧盟在2018年颁布《通用数据保护条例》（General Data Protection Regulation），以规范全世界范围内的企业使用欧盟居民数据的方式[4]。我认同数据隐私和大数据专家对于为何需要收集用户数据、如何收集这些数据，以及这些数据将如何商品化的技术解读，但我还想谈谈关于网络数据安全的个人体验，以及它们如何影响我们与近端和远端连接的关系。

2015年以来，我一直担任刑事法院各种犯罪案件的专家证人和顾问，这些案件通常与性侵、亲密伴侣暴力或网络犯罪有关。在履职过程中，我有机会审阅数千比特的数字证据，包括保存下来的和已经被删除了的图像，当事人向法院提供的部分文本对话，以及没有向当局提供的、事后利用复杂的手机提取工具获得的部分文本对话，发生在一个晚上的对话和发生在一年多以前的对话……审阅刑事调查证据的过程，让我充分意识到电子设备收集的数据量是如此的庞大。我见过罪犯向受害者发出"私人"威胁；读过数以千计的短信，记录了虐恋关系的各个阶段，从"你有兴趣吗？"，到巩固BDSM关系；目睹过出轨的人对出轨对象的赞美和恳求……经历过这些，我开始将数字记录看作我们在世上最隐秘的角落，它揭示了我们生活的后台，与我们精心策划的公开身份相去甚远。在一个以计算机为媒介、以通信为主导的世界里，手机和电脑已成为复杂的监视工具，捕捉着"我们所有人"。你的手机本质上就是一座可以放进口袋里的"圆形监狱"。

现代哲学家，如技术哲学教授阿尔贝托·罗梅莱（Alberto Romele）和他的意大利同事，将这一带有反乌托邦色彩的观点推进了一步。他们认为我们这些选择参与社会技术世界的人，其实是在将自己置于"自愿的奴役"之下，尽管我们知道自己的隐私数据正在被社交媒体网站和电子设备所收集和使用，但我们还是自愿在网上披露个人的详细资料[5]。对这些伪装成社交工具的监视实体来说，我们只是一群可以被研究、被货币化、被操纵来执行各种行动的数据点。从购买产品到为政治候选人投票，我们是一个巨大的营销机器中的齿轮。我们对这些系统的服从，通过我们的持续参与，体现了我们心理防御的否认状态。根据社会学家斯坦利·科恩（Stanley Cohen）的说法，这是人类在一个充满恶行的世界中的永久状态[6]。作为有思想的观察者，我们承认世界存在各种问题，但为了应付这些问题所引起的不适感，我们依靠弗洛伊德的防御机制，比如否认，故意从意识中消除掉这些想法。

我们都成了手机的奴隶

这样看来，把自己的隐私资料交给互联网公司似乎是愚蠢而错误的行为。然而，就在我创作这一章时，至少拿起手机刷了不下一百次各种社交媒体账号：脸书、Instagram、推特、领英……为什么会这样？简单地说，我和世界上53%的社交媒体成年用户都一致认为，使用这些社交媒体的功能可供性①，比我所付出的成本更有利[7]。我与社交媒体的关系是"剪不断、理还乱"。

谈论"我与社交媒体的关系"本身就是一个大胆的论断，因为得出这种论断的前提是，我必须承认我与社交媒体处于一种关系之中。更进一步说，是我与手机的关系。有人可能会说，这些技术只是我们发展和维持人际关系的机制，人不可能与"技术"这种无定形的存在形成关系。然而在许多方面，我的手机已经扮演了核心角色，正如它在全球无数其他手机用户的生活中一样。这个角色到底有多关键？2016年，在线定性研究平台dscout的一项在

---

① 功能可供性（affordances）是知觉领域的新概念，心理学意义的可供性认为，人知觉到的内容是事物提供的行为可能，而非事物的性质，事物提供的这种行为可能就被称为可供性。

线数据追踪研究显示，普通人（从10万人中随机抽取而来）每天要接触手机2617次，而重度手机用户（前10%）每天接触手机的次数更加惊人——5427次[8]。从统计数据来看，我可能不会高于平均数据，但手机肯定已经成为我生活中的核心角色了。

手机利用灯光、声音和振动，向我发出了希望被关注的请求，而我也做出了回应。就像我对生活中其他发出这种要求的人（比如我的丈夫和孩子）的反应一样，我转向它、关注它，并努力解决问题。我的手机可能是当前世界中要求最多的"人"了。作为一名发展心理学家，我曾教导学生，及时给予回应是养育孩子的关键因素之一，也是父母在培养孩子的过程中可以做的最有影响的事情之一。这么说来，鉴于我对手机的回应，我也算是"养育"了它。但是巩固我和手机关系的不仅仅是回应：我小心翼翼地擦拭屏幕，去除污点（仿佛灵长类动物为对方梳毛）；不论走到哪里我都带着它，把它放在钱包里、握在手上或放在口袋里（肌肤与屏幕密不可分）；要是哪一刻它不见了，我会紧张万分（分离焦虑）；我与手机似乎已经合二为一——我彻底沦陷了。

我身边的其他人也注意到了人与手机的微妙关系。我与家庭学家布兰登·麦克丹尼尔（Brandon McDaniel）一起，一直在研究科技是如何利用一些小插曲来潜移默化地影响人与人之间的关系的。这些小插曲被称为"科技干扰"（technoference, technology

与interference两个词的结合）或"低头族"（phubbing，phone和snubbing两个词的结合）[9]。自2016年以来，麦克丹尼尔和我以及世界各地的研究人员发现了一系列一致的趋势[10]。人们有时会选择与手机互动，而不是与他们身边的人互动，这可能会导致夫妻、家庭和朋友关系产生冲突和嫉妒情绪。反之，这种冲突和嫉妒与较低的关系满意度有关，也损害了亲密关系。不幸的是，这种科技干扰几乎每天都在影响我们中的一些人。2019年，在关于这个主题的研究中，麦克丹尼尔和我采用了日记研究的方式，要求一对恩爱情侣在14天内每天记录发生在他们生活中的科技干扰和实际感受[11]。研究结果显示：在两周的时间里，大多数情侣（72%）在与伴侣的互动中出现了科技干扰。更重要的是，在实验参与者记录了自己的生活中发生了更多科技干扰的日子里，他们也同时记录了更多与技术相关的冲突次数，以及与伴侣面对面交流次数的减少、对亲密关系的消极情绪。这些结果甚至也出现在控制了与伴侣相处时长之后——这意味着，不仅仅是花在科技产品上的时间取代了与伴侣相处的时间（并导致了更多消极后果）；另一方面，科技干扰本身也会产生负面影响。或者说，当人们放弃与身边的人互动、转而选择与手机互动的那一刻，负面影响就出现了。

当身边的伴侣或朋友拿起手机、而不是和我们互动，我们为什么会产生一种被拒绝的感觉？根据符号互动论①（symbolic interactionism），我们与他人的互动是带有信息（message）的，这些信息能够帮助我们确定自己在对方生活中的角色[12]。当你对面的人在你和手机之间选择了手机——尤其是当你努力想与他交谈的时候——这种行为发出的信号是"手机比你更重要"。即使这只是一瞬间的感受，也会让人产生一种被拒绝的感觉。这一行为也可能是对关注度、反应程度的社交期待的一种拒绝[13]。出于上述原因，当对面的人关注他们的手机而不是我们时，就可能会被视作一种关系的消耗。根据社会交换论②（social exchange theory），我们决定是否要维持一段关系，取决于我们对这段关系的成本与收益的持续评估[14]。从本质上讲，我们是在给伙伴"记账"。为了让这段关系保持稳定，"收支平衡"是必需的。

但是在我和手机的关系里，我似乎总是付出更多的那一个。

除了花钱把它买回来、它可能会给我的生活带来科技干扰之外，手机还让我付出了很多额外的牺牲。最显而易见的是，手机是工作、生活和与朋友交往时最容易让我分心的东西。不管我在

---

① 符号互动论又称象征互动论，该理论认为，社会是由互动着的个人构成的，对于各种社会现象的解释只能从这种互动中寻找。

② 社会交换论将人际传播概念化为一种社会交换现象，认为人际传播的推动力量是"自我利益"，趋利避害是人类行为的基本原则。它主张尽量避免人们在利益冲突中的竞争，通过社会交换实现共赢。

哪里，只要有电子邮件或短信弹出来，我就不得不拿起手机看看。看手机时，我还容易掉进探究的"无底洞"：本来我只想读一篇陀思妥耶夫斯基关于爱情概念的短文，结果两小时后我已经陆陆续续读了20位哲学家对爱情的不同定义。我十分感谢纪录片《监视资本主义：智能陷阱》（*The Social Dilemma*）和其他几部关于科技产业的纪录片，让我了解到这些强迫症行为的根源其实在于有目的的设计[15]。我明白了自己为什么会成为手机的猎物，而且是一只不满足的猎物。①

从更宏观的社会角度来看，手机和其他科技产品的使用也可能导致不满足感。21世纪初，美国心理学家简·腾格及其同事的研究引起了媒体极大关注。他们的研究表明，在过去十年里，美国青少年和刚成年的年轻人的科技产品使用率在增加，相应地，抑郁症和焦虑症的比例也在上升[16]。一时间，公众开始关注科技产品的使用，以及它可能导致的社交关系与个人心理健康的退化。该研究的结论认为：技术手段有助于我们形成社会关系，但现在每个人都窝在卧室里，通过手机或电脑与他人在线联络，却错过了面

---

① 在网飞纪录片《监视资本主义：智能陷阱》中，一系列互联网科技公司的资深从业者讲述了脸书等互联网科技公司如何通过大数据技术预判用户行为，对用户进行个性化定制内容的精准投放，从而使用户逐渐对社交媒体产生病态的依赖心理，在用户之间营造出信息茧房的内幕，揭示了互联网企业、注意力经济模式，乃至更为宏观的监视资本主义机制。

对面互动的机会，而这种面对面的互动才有助于增强我们的幸福感，维持社会关系。更糟糕的是，长时间在网上冲浪、使用社交媒体使我们变得紧张、孤独和抑郁，特别是当它导向有问题的、强迫性的使用时[17]。尽管一系列复杂的统计分析表明，科技产品的使用对青少年心理健康的总体负面影响较小，通过网络与人联系也有助于减轻孤独感，但这并没有减轻人们的担忧[18]。

社交网络

尽管如此，世界上大多数人都和我一样决定保持与手机的关系，毕竟在我和手机的关系中，手机总是赢家。为什么？很简单：它能随时随地满足我们对亲密关系的需求。我们可以通过手机与无数人联系，全天候、全年无休，只需一个按钮，世界尽在掌握。手机仿若一个为我们提供源源不断社交乐趣的宝库，认识的人、不认识的人，我们尽可与之联络。你接触到的人越多，得到的反馈也就越多。

有一种名为社会网络指数（Social Network Index, SNI）的衡量标准，可以为我们展现社会联系的多样性。该指数首次被提出是在1979年。作为伯克曼—塞姆社会网络指数（Berkman-Syme SNI），它被用来衡量个体与亲密的朋友、亲戚、基于团体的联系

(如社会或宗教),以及其他可以得到建议、支持和感情的人的联系数量[19]。20世纪90年代,卡内基梅隆大学的心理学家谢尔顿·科恩(Sheldon Cohen)及其同事将 SNI 衡量范围进一步扩大,用以调查个人的社会关系数量与他们对普通感冒易感性之间的关系[20]。这项研究的实际测量方法比我介绍的要复杂一些,以下内容即实验要点[21]:

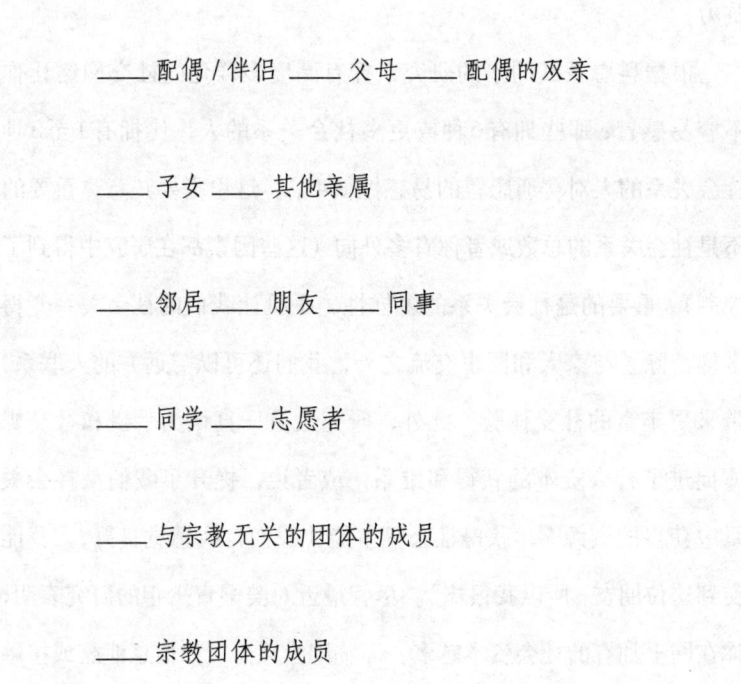

____ 配偶 / 伴侣 ____ 父母 ____ 配偶的双亲

____ 子女 ____ 其他亲属

____ 邻居 ____ 朋友 ____ 同事

____ 同学 ____ 志愿者

____ 与宗教无关的团体的成员

____ 宗教团体的成员

现在来计算一下你的社会网络指数。在以上这些社会关系的分类中，你拥有哪一种，就在哪一种前面写下1。如果你的答案总计是1到3分，说明你的社交多样性很低；如果得分是4到5，说明你有较为丰富的社交网络；如果得分为6或更高，说明你有高度多样化的网络。如果把你通过短信交流的联系人也算进去，你的总分是否有增加？如果答案是肯定的，足以说明互联网有帮助人们扩大社交网络的力量，而且你可能已经因此而提高了对疾病的抵抗力。

根据科恩及其同事的研究，拥有高度多样化的社交网络让你不容易感冒；那些拥有6种或更多社会关系的人，比拥有1至3种社会关系的人对普通感冒的易感性低4倍。这里需要注意，重要的不是社会关系的总数或者你有多外向（这些因素都在研究中得到了控制）；重要的是社会关系的多样性。手机让我们的社会关系变得多样，除了与家人和同事交流之外，我们还可以与远方的人联系，带来更丰富的社交体验。此外，研究人员一直认为手机和社交媒体促进了社会资本的获得和维系，或者说，提升了我们从社会关系中获得的资源[22]。获得社会资本能让我们自我感觉良好，"我能交到这位朋友，所以我很棒"。尽管最近对美国青少年的研究表明，你在网上拥有的社会资本越多，面临网上风险（如信息泄露或接触到不良内容）时，你就越有可能感到压力，但这也算是一种"别把所有鸡蛋放在同一个篮子里"的现象；同时拥有网络与现实世界的社会资本，在某种程度上也起到自我保护作用[23]。

社会支持网络

提升我们的抵抗力、带给我们自尊的不仅仅是社交网络的多样性和社会资本的获得。一旦有人进入我们的社交网络，他们就能亲自给我们提供社会支持。"社会支持"现在已成为我们日常用语的一部分，但直到20世纪80年代，不同学科的研究人员才开始深入研究什么是社会支持，以及它所带来的好处[24]。研究表明，社会支持在各种情况下都能给我们带来非常多的益处；从死亡率、癌症康复，到应对压力等方方面面，社会支持都与好的结果息息相关[25]。虽然不同学科对社会支持的定义有所不同，但人们普遍认为，从他人那里得到的社会支持可以分为四大类[26]：

情感性的：鼓励、关心、照顾和同情

工具性的：实际的帮助

信息性的：信息、建议和反馈

评估性的：有助于自我评价和目标设定的反馈

这样我们就不难理解手机何以能成为情感支持的桥梁。当你面临压力、成就，或者感到无聊时，都可以通过手机与朋友和家人联系，或者通过在社交媒体上发帖，以更公开的方式向朋友和关注你的人倾诉自己面临的困境、分享成功的喜悦。当我们选择在社交媒体上写点什么的时候，我们有两个选择：大分享（sharing big）或小分享（sharing small）。其区别不在于分享的主题或范围。我认为"大分享"是指所有能体现内心最深层想法和关注点的东西，"小分享"则是我们随便发些和自己无关的小事，所发的内容比较轻量化。根据斯坦福大学研究人员罗慕帆（音译，Mufan Luo）和杰弗里·汉考克（Jeffrey Hancock）提出的双重过程模型（dual process model），这些社交媒体上的自我表露行为，无论其程度与价值如何，都会影响发布者的心理健康——发布者会从他们获得的社会支持中感到安慰或苦痛[27]。那么，为什么人们会在社交媒体上分享诸如宠物去世之类的经历？因为这种分享活动本身能对心理健康产生深远的影响。每一个喜欢、关心、点赞和评论都会给我们带来一点多巴胺，让我们在这一刻感到愉悦，也进一步强化了之后的社交互动[28]。此外，所有这些符号对我们而言都是关怀的具象表现，我们仿佛进入了一个充满同情心的村庄，在这里，我们可以感受到支持，也可以满足自身对归属感的基本需求。手机和社交媒体为我们打开了进入这座村庄的大门。

情感性支持并非手机给我们带来的唯一好处。通过手机，我们还可以获得实际的工具性支持,比如找工作、搬家或慈善捐款。还有信息支持。通过手机(和其他联网设备),我们可以获得源源不断的信息。我们成长在以厚厚的百科全书、字典和《国家地理》过刊为基本信息源的时代,如今,手机带来的便捷化信息检索是令人无法忽视的。我们几乎可以立刻找到一切问题的答案,即使所获得的信息没有直接价值,寻找信息的过程本身也是有价值的。在一项经典研究中,神经科学家欧文·比德曼(Irving Biederman)和爱德华·韦塞尔(Edward Vessel)用图片将人类暴露在新的刺激下。他们发现,那些最新颖的、与大脑中存储的其他信息相关的图片能刺激更多的μ型阿片受体活动,这与增加快乐感受呈正相关。从神经学角度来看,这项发现的过程很有价值,它验证了一点:我们对获取信息有一种实际的渴望。根据这些科学家的说法,我们是天生的"食知动物"(infovores),获取知识的过程为个体(从更大层面上说,与配偶选择有关)和整个人类物种提供了进化优势[29]。

最后,评估性的社会支持可能是四类支持中最具争议的一种,至少它是依附于社交媒体而存在的。通过社交网络,我们也在收集关于自身的信息。我到底与多少人有联系?其他人关不关心我说了什么?与其他人相比,我的生活究竟过得怎么样?一瞬间,我们成了站在圆形监狱中央塔楼上的那个人。

清理你的大脑

作为人类，我们花了很多时间来思考他人的想法。虽然这并非一件有争议的事情，但我相信有些人正在对自己说"不，我不要这样做"，或者"我不关心别人怎么想"。这是可以理解的，你不认同这句话，或许是因为身边曾有人善意提醒：他们希望你不要陷入自我批评和他人评价的焦虑之中，因此对你保证，他人的看法并不重要。但我想说："不，这很重要。"请你继续读下去，我来解释原因。

我想从人类互动的基本层面开始引入，用一句所有人都能认可的话来解释：当我们做事时，我们很可能、也理所应当地思考我们的行动会对他人产生怎样的影响（例如，X对我刚才说的话有什么看法？）。然而，我们对他人想法的揣测也会变得更加复杂。我们对别人有何想法，他人又会作何感想呢——通过关注这些，我们能扩大自身的探测范围（例如，鉴于我刚才说的话，Y认为我对X有什么看法？或者，考虑到我刚才说的话，Y认为X对我有什么感觉？）。这些并不一定是消极的或非适应性的想法；恰恰相反，这是一种复杂的思维模式，只有我们当中社交能力十分突出的人才会考虑，用以维持和发展社会关系。

这种复杂的思维模式很重要，但它并非与生俱来。这是一项我们在成长过程中磨炼出的复杂而关键的技能。在婴幼儿时期，我们不会考虑自己的行为会对他人造成什么影响，只会以自我为中心，提出需求、哭闹甚至发脾气，只想满足自己的需要而不关心他人。随着我们对世界认识的加深，三到五岁时，我们会逐渐形成心智理论，才开始认识到原来其他人也有思想和感情，我们的行为可能会影响他们。根据定义，心智理论是一种能够理解自己与他人都拥有心理状态的能力，并且能认识到他人的心理状态可能与自己不同，甚至与现实情况不同。这种对自我心理状态的理解给予个人很大力量，因为一旦意识到自己拥有思想和感觉，你就可以学会控制它。这种能力能带来何种力量？我最喜欢举的一个例子来自我的大学同事，在开车送女儿上幼儿园时，父女之间曾有过这样一段对话：

"爸爸，你知道我现在正在想什么吗？"

"我不知道，克莱尔。你在想什么？"

"我在想关于圣诞节的事。"

"很好，克莱尔。"

几分钟后……

"爸爸，你知道我现在在想什么吗？"

"我不知道,克莱尔。你在想什么?"

"现在我在想关于万圣节的事了。"克莱尔笑了。

作为一个学龄前儿童,克莱尔不仅向她父亲展示了她的心智理论,还展示了引导这些思想来掌控自己内心世界的能力,这令人印象深刻。我认为,这就是那些善意提醒你的人试图让你掌握的技能。从本质上讲,他们不是在说"不要考虑别人的想法"——这对于任何五岁以上、只要有一点同理心的人来说都几乎是不可能的。相反,他们是在说"当你考虑别人的想法时,要利用它潜在的好处,然后把别人怎么想抛诸脑后",就像藤麻理惠(Marie Kondo)那样[30]。

我想对那些脑内的想法说:"谢谢你们曾经对我的帮助,但现在,我必须要同你们说再见了……"

每一天,每个人的大脑里平均会产生6000多个想法,这种清除认知的行为能释放我们的精神资源,有助于我们进行更积极的思考[31]。诚然,清理家中不需要的物品对许多人来说是个挑战——清除大脑中不需要的念头和感觉同样如此。特别是对于那些容易焦虑和抑郁的人来说,担忧与思虑过重是常有的事,他们常沉浸在与过去有关的消极想法中,因此很难适应这种方式[32]。一个人是否存在担忧与思虑过重的情况也可以通过言语智力(verbal intelligence)

的高低来预测，一个人在言语表达上的智力越高，就越有可能出现担忧与思虑过重的心理[33]。这就是为什么许多人都觉得自己很难把注意力从过去困扰我们的事件中转移到给我们带来快乐的事情上。目前，以技术为媒介的社交环境进一步加重了这种过度担忧思虑的情况，加之我们使用科技的步骤大多是永久性的，使得改变这一现状变得十分困难。

"阅后即焚"

30年前，人们自我评估对他人的影响时，会借助不完整的、转瞬即逝的记忆来填补感知的空缺。幸运的是，回忆对自己永远是宽容的，人们会主动忘记过往事件中一些自己犯下的过错细节，引导自身保留那些对自己最有利的细节——这是一种记忆的技巧，被称为积极性偏差（positivity bias），使我们能够保持自尊、自我和对未来积极的态度[34]。这种"只记好的，不记坏的"的倾向，在那些盲目乐观的人（Pollyannas）身上体现得十分明显。根据波丽安娜效应（Pollyanna principle，也称乐观原则），一般来说，相比于回忆不愉快的细节，人们更倾向于回忆愉快的细节[35]。而人群中最擅长这样做的人往往会给自己的幸福、乐观指数打高分[36]。乐观的人往往会记住快乐的细节。但当他们不必完全依赖自己的记忆时，又会发生什么？

不幸的是，如今这个以计算机为媒介进行互动的世界就不那么宽容了，乐观主义不能帮你抹去"白纸黑字"的现实。人与人的社交互动会以信息和图片的形式被永久记录下来，可以反复查看。显而易见，较之面谈和电话，数字通信渠道（比如短信和电子邮件）更具持久性——换句话说，通过这些渠道进行的交流将会永久存在[37]。

你是不是也曾多次翻看已经发出的电子邮件或短信，反复重读，看是否以你想要的方式表达出你想表达的东西？有没有在发过一条消息后，又发一条消息来纠正自己？很明显，有些人总是容易为自己已经发出的东西而后悔。幸运的是，像色拉布这样的即时通信应用意识到了这一点，通过"阅后即焚"（destroy after reading）的设计，为数字通信的持久性提供了足够的留白。这种设计允许用户决定浏览者对信息的访问时间，只要浏览者遵守规定，不对信息进行截图或保存，信息就会在应用程序中被删除。脸书、Instagram 的"消失模式"（vanish mode）和 Whatsapp 在 2020 年推出的"消失的信息"（disappearing messages）提供了类似的体验[38]。一些通信应用，如 Whatsapp，甚至有强大的可编辑性，如果用户很快改变主意（比如在一小时内），可以选择删除已发送的信息。简而言之，你有办法在私人通信中规避数字通信的永久性，而且有一些媒体平台允许这样做。

但如果考虑到我们最亲密的社会关系——这些关系对于我们的爱与归属感至关重要，那么不顾及他人的想法、任自己在网络上口无遮拦可能就不那么容易做到了。这是人类的一种自然倾向，可以从两个更宏大的理论框架层面理解。首先是阿尔伯特·班杜拉（Albert Bandura）的社会学习理论①。该理论指出，我们不会在真空中成为自己[39]。相反，我们受到周围人的影响。从婴儿时起，我们就会观察和模仿他人。我们会从别人的奖励和惩罚方式中代入学习，调整自己的行为，使自身最大限度地获得奖励、避免惩罚。因此社会环境对我们来说至关重要，来自他人的认可与否定塑造了我们未来的行为。这是人类学习的一个基本原则。

我们对这种认可的重视还与另一个理论有关，即亚伯拉罕·马斯洛（Abraham Maslow）的需求层次理论②。在马斯洛构建的反映人类自我实现动机的金字塔中，梯级反映了人类的基本需求[40]。在生理需求（如食物和水）和安全需求（如稳定的工作和住处）之上，人类有对爱的需求。在儿童时期，这些需求通常只能由少数人来

---

① 社会学习理论认为，不仅加诸个体本身的刺激物可以让其获得或失去某种行为，观察别的个体的社会化学习过程也可以获得同样的效果。

② 包括人类需求的五级模型，通常被描绘成金字塔内的等级。从层次结构的底部向上，需求分别为：生理（食物和衣服），安全（工作保障），社交需要（友谊），尊重和自我实现。

满足，一般是家庭成员。但当我们步入社会，在公共社交空间与同龄人或其他人相处的时间变长之后，我们对爱和归属感的需求会不断扩展到这些社交空间。根据这一理论，关心他人的想法是一种自我保护过程，能帮我们建立一个有归属感的社交网络，其中甚至包括远距离的关系，还能保护自己不失去我们最亲密的人的爱。

假设你已经接受了这样的想法：你确实很在意他人的想法和感受，这其实是件好事。但我想让你注意一下那些在生活中消耗了你大部分时间的人。回到序言中提到的社交护航图，你可能会想起同一批人——你花在思考别人想法上的时间，可能恰恰与他们在你的社交护航图中的位置成反比。也就是说，你也许花费了大量时间去考量那些与你并不怎么亲密的人的想法；或者是那些根本没有出现在你社交护航图中的人的想法。为什么会这样？

不确定性降低理论①（uncertainty reduction theory）认为，为了建立关系，个体有必要减少对其他个体的不确定性，这可能是这种现象的主要原因[41]。辨别那些与我们联系并不十分紧密的人的想法和动机是一件困难的事，由于这些联系比较脆弱，我们可能会

---

① 不确定性降低理论最早由美国传播学学者查尔斯·博格（Charles Berger）和理查德·卡拉伯利兹（Richard J. Calabrese）提出。他们认为，当陌生人初次相遇时，最关心的是如何在交流过程中消除不确定性，提高交流的可预测性。

花更多的时间来分析我们与他们之间的交流,因为我们对他们的想法最不确定。这也是为什么当我们在社交中被冷落,或者对方突然"闪人"(ghosting)时,我们会感到不安[42]。这种被人晾在一边的感觉击中了人类最脆弱的弱点之一:我们对确定性的渴望,我们的"了结心理"(need for closure)[43]——我们想知道事情该如何结束,想了解我们周围的世界是如何运作的。当有人忽视我们时,我们会因此而疑惑,这种疑惑可能会令人抓狂。我们渴望得到关于这段关系的答案,却又无法强迫答案的出现。如果这段关系对我们很重要,这种焦虑感会随着时间的流逝而增加。

当然,社交中的冷遇所带来的不确定性并非真正导致我们痛苦的原因。我们当然想获得确定性,想知道"到底怎么了",但比起这些,我们其实更渴望的是与他人的联系。如果在一段关系中,对方有意冷落你或者干脆"已读不回",反映出的其实是这段关系的脆弱与生疏。被冷落的感觉击中的是我们内心更致命的弱点:对归属感和被爱的渴望。如果你感到被冷落,这可能是一个危险信号,意味着你正在失去所爱的人,或是想要爱的人。

这就是为什么当人们被冷落时,有时会采取一些极端手段来弥补这种"不确定性"。他们可能会频繁联络那个冷落他们的人,即使是在不断被冷落的情况下。他们也可能会在社交媒体上暗中监视那个人,把互联网作为信源,来获取关于那个人的一切蛛丝马迹。这位"闪人"的人和他的朋友、家人、同事形成了一个巨大的联系网，只需动动手指就能一览无余。有趣的是，在如今的技术时代，全景监狱被翻转了，社会技术机器中的产品成了"警卫"，让被冷落的人有机会站在"中央塔楼"之上，塔楼四周的"房间"里，所有人的一举一动尽收眼底。

网络生存指南

社会技术的全景监狱

生存技巧20　必须承认，我们在使用线上社交网络时就已经失去了隐私。一旦认识到这一点，我们要么接受网络世界的现实，继续参与其中，要么完全叫停这种行为，或对在线社交施以其他限制。但现实是，在一个"万物互联"的世界里，要完全断绝与网络的联系是非常困难的。除非你完全脱离网络在蒙大拿州养马，否则你就逃不开这"天罗地网"。

我们都成了手机的奴隶

生存技巧21　如果你意识到自己对手机上瘾了，那这很可能是真的。但请记住，手机是连接你和宇宙中对你重要的一切事物的工具。如果你能用好这个工具，它可以成为一把钥匙，为你打开各个层面上的亲密关系。如果你想加入那些越来越受欢迎的多巴胺排毒计划，只要记住它们是为了强化你对这些能使你愉悦的活动的反应，而不是抑制它[44]。

社交网络

生存技巧22 手机是最方便的工具,可以帮你获得你想要的东西。想点外卖?打开 DoorDash(一款餐饮外卖软件)。想搭车?打开优步(Uber)。给同事买礼物?打开亚马逊。一切尽在掌中。然而,我们常常会忽略一个问题:利用手机,我们能在多大程度上获取所需的社会支持?它是你的蝙蝠侠信号灯,你的原力。除了身体上的刺激,比如拥抱和亲吻,手机能为你打开各种社会支持的方便之门。好好使用它吧。

清理你的大脑

生存技巧23 如果连四岁孩子都能学会控制自己的思想,那么你也可以。选择你的想法,控制你的反应,没有人可以强迫你去想什么。如果你产生了一个消极的想法,那就用一个积极的想法去平衡它。你会为一个即将面临的任务感到担忧?这没什么,也很正常,你只需要花些时间来考虑自己的下个假期该怎么过就好。

"阅后即焚"

生存技巧24 "已读不回"伤害了我们最脆弱的地方。那些冷落你的人知道这一点,但他们仍然选择忽视你。如果你在某人那里遭到了"冷遇",他们要么在玩游戏,要么是不关心你。当然,他们也可能丢了手机,或者超级忙。但是,如果有人真的想和你说话,他们会想办法的。如果他们不找你,那就随它去吧。不要在网络上暗中窥视某个人,不要沉迷,不要浪费时间非要在网上找答案,看他们是否真的关心你。生命这么短暂,时间多么宝贵啊。

关于科技的附加建议

说实话,很少有人能想象没有手机的生活。哪怕我丢了钥匙、钱包被偷、被丢在无人的公路上,只要有手机和信号,我就知道自己不会有事。它给了我安全感,帮我建立与世界的联系,是连接我与他人的生命线。这就是为什么我永远不会拒绝手机,也不建议别人拒绝手机的原因。我们可以依赖手机,这无可厚非。但是,当它开始干扰你的生活,而不能帮你活得更好时,你就需要做出改变。也许你可以规定自己在一些亲密的时间(如晚餐时)和亲密的空间(如晚上和伴侣共度的睡前时光)里禁用手机。如果它没有干扰到你的生活,就不必担心了。你很好,这完全没什么。

第五章

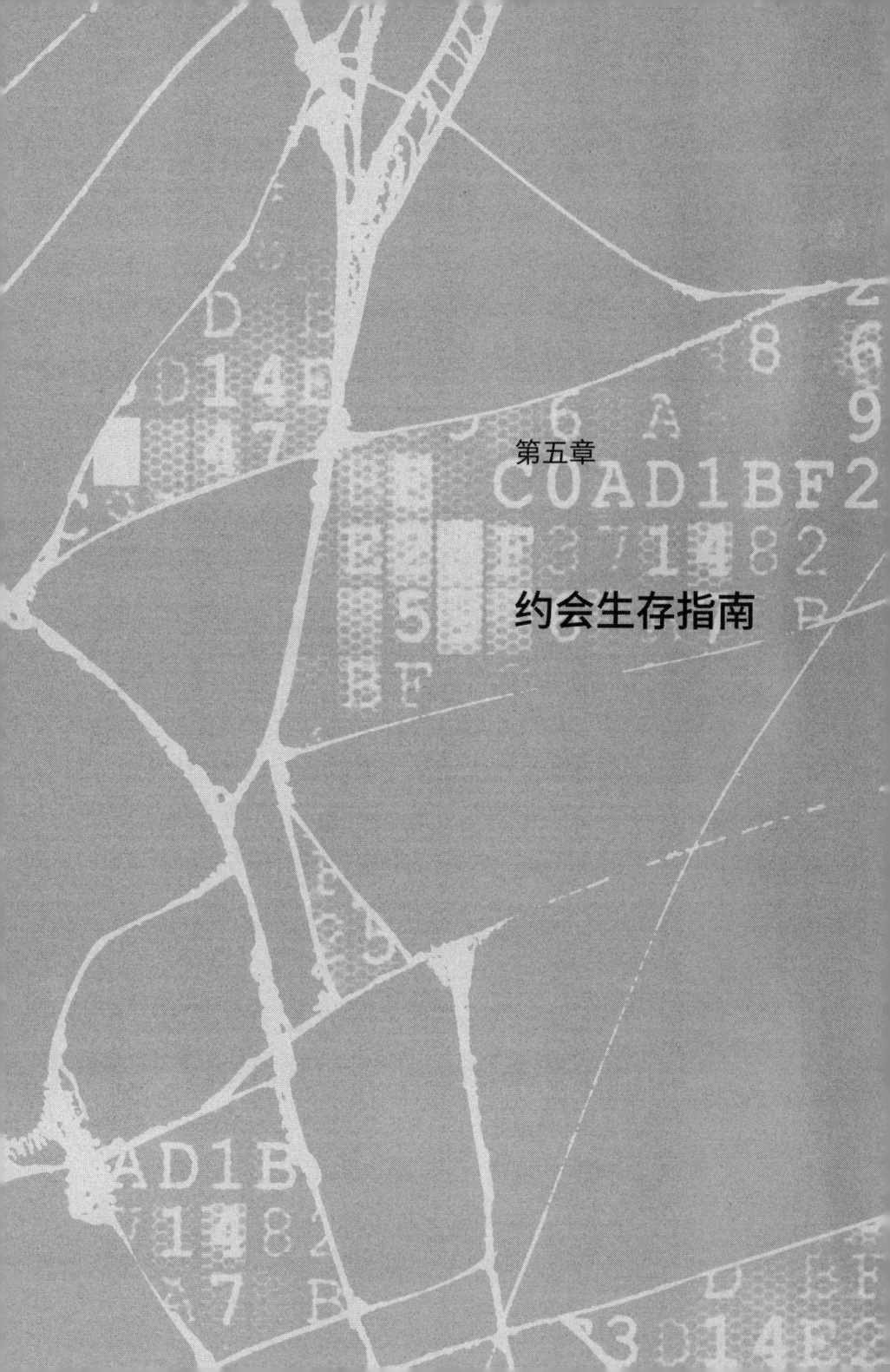

约会生存指南

在社交软件上约会的灰姑娘

20年前,我在英国诺丁汉认识了艾拉。彼时她正在一个家庭聚会上唱歌,在满屋子人的欢呼声中摇着手鼓,唱着酷玩乐队(Coldplay)不插电版本的《黄色》("Yellow")。她身材娇小,一头黑发又长又直,有着前卫的嬉皮士风格,与当时的我截然相反——我留着金发,穿着保守,是一个无可救药的音痴。我们的相遇也很有缘分:她当时的约会对象是我丈夫的朋友,在每次团体聚会上,他们组成的二重奏都会进行即兴表演。此后的几十年里,我们的友谊不断加深,她丰富多彩的生活一直吸引着我。

一直以来,艾拉都是一个自由的灵魂。她像一只美丽的蝴蝶,翩跹飞舞在一场又一场冒险和众多人际关系之中。她参加过电视真人秀节目，住在阿姆斯特丹的一艘游艇上，和形形色色的乐队一起在世界各地巡演。她的感情生活也同样充满冒险。她爱和"小鲜肉"约会，他们往往在电影和音乐领域具有很强的创造力，和她一样喜欢新鲜事物，厌恶平凡的生活。虽然她有过许多随意的约会关系，但也建立过一些正式的恋爱关系，这些恋爱关系持续几个月到几年不等，而且她在每段恋爱之前都有时长相似的间隔期。她的许多交往对象是通过社交网络和约会软件找到的，比如Tinder和Bumble，她笑称自己是名副其实的"Tinder灰姑娘"。

像许多X世代（出生于1964年到1980年的人）和婴儿潮时期出生的人一样，艾拉完全不是"数字原住民"。她在大学时代才拥有人生的第一台电脑，20多岁时才拥有了第一部手机。然而，无论哪一代人，似乎都逃不开约会应用软件的强大吸引力。根据皮尤研究中心一项针对美国成年人的研究，30%的研究对象表示，他们使用过约会应用软件，其中18至29岁的人使用率最高（49%），其次是30至49岁（38%），第三位是50至64岁（19%），最后是65岁以上（13%）[1]。世界其他各地的研究也有相似情况：研究人员对包括美国、加拿大、泰国、澳大利亚、中国、西班牙、比利时和其他一些欧洲国家在内的调查进行总结，结果显示，在大多数调研中，在线约会软件在成年人中的流行比率约在40%至50%之间[2]。

全球范围内几乎所有年龄段的人对新技术的接受程度反映了这样一种现象：人们几乎是瞬间适应了新的沟通、约会和恋爱方式。根据皮亚杰的观点，适应能力是人类生存状态的一种特质，反映了人类的智力水平，也是一种跨代建立知识框架的机制。那些学会了如何使用技术工具来有效寻找爱情的人，从进化的角度来看是有优势的，我们的物种就是如此。像艾拉这样的"非数字原住民"并没有逃避如今的线上约会环境，而是试图接受、拥抱它，并以此为支点建立关系。他们不仅见证了约会方式的演变，而且正如人类所擅长的那样，也适应了追求爱、性和亲密关系的新图景。

这种适应能力具有两面性，优势和挑战并存。其最主要的优点是为人们提供了寻找爱人的机会。根据皮尤研究中心2019年的研究，39%的受访在线约会者与他们在约会网站上认识的人结婚或建立了稳定的恋爱关系[3]。约会网站似乎对特殊群体也有特别的吸引力，如性少数群体（研究对象中，性少数群体中有55%的人使用过约会软件，而异性恋者中只有28%的人使用过），和有着大学学历的人（他们中有35%的人使用过约会软件，而高中毕业或受教育程度更低的人群中只有22%的人使用过）。简而言之，人们有机会在约会软件上获得爱情，而对于特定人群，这种概率甚至更大，也许也更有意义。因为他们可以通过社交软件快速找到在许多重要方面与自身相匹配的人。

天作之合

但"匹配"真的是寻找爱情的人所追求的吗?那为什么俗话说"异性相吸"?况且,互联网的多样性环境属性,让我们有机会接触到世界各地、不同背景下形形色色的人,与相似属性的人配对,会不会与互联网的架构相悖?

实际上,这涉及两个问题,我将在下文中依次讨论。经济学家和社会学家对社会配对——或称为"同质婚"① (homogamy) 问题,已经研究了几十年。通常来说,与同质婚有关的社会地位维度包括受教育程度、种族、民族、年龄、社会经济地位和宗教信仰[4]。一般来说,通过"同质婚"找到在这些关键维度上与自己相似的伴侣的人,往往会与配偶维持更幸福、更持久的关系[5]。这种类型的匹配优势还延伸到其他心理特征上,那些在善良、聪明等特质上相似的人,也有着更持久的关系[6]。

诚然,同质婚似乎与互联网的架构产生了冲突,后者超越了

---

① 同质婚,也叫同类婚现象,指夫妻双方在社会地位上存在相当大的相似性,双方拥有相似的社会身份,或属于相同的社会群体。反之,跨越社会等级、社会群体壁垒的婚姻被称为异质婚。

地理条件等物理界限，让人们在选择配偶时有了更多选择，不再受所在城镇、工作场所、宗教或社会组织的局限。我们现在有能力认识世界各地的人，并与之保持联系，而且这种线上通信的成本很低（甚至为零），我们与这些人进行深入交流、发展亲密关系的可能性是无限的。英国社会和经济研究所的研究人员认为，打破上述界限，走向"异质婚"（heterogamy，与在关键社会维度上具有差异性的人进行匹配），将有利于社会流动，通向一个更加开放和民主的社会[7]。异质婚的增加将会让人口资源分配更加平等，降低富人和受教育程度高的人（通过同质婚）变得更富有、更有教养的概率。但现实的走向似乎并非如此。过去几十年进行的一些纵向研究表明，同质婚仍是当今社会的主要趋势，而且这种趋势可能会越来越明显。社会学家克里斯汀·施瓦茨（Christine Schwartz）和罗伯特·马雷（Robert Mare）在对美国1940年至2003年的数据进行分析时发现，近年来，双方受教育程度相当的同质婚比率较之1940年呈上升趋势[8]。同样，一项针对英国家庭的小组研究数据显示（使用的是英格兰和威尔士1971年至2001年的人口普查数据），在大多数关键的社会指标上，同质婚仍普遍存续[9]。

关键指标不匹配时，一段关系可能会受到负面影响。令研究人员特别关注的指标集中在受教育程度上。在针对香港1083对异性恋夫妇的调研中，受教育程度不匹配似乎对女性特别不利[10]。具体而言，妻子的受教育程度比丈夫高，会降低婚姻满意度。然而，一项基于1980年美国人口普查数据和2008年至2012年美国社区调查数据的研究显示，女性与受教育程度低于自身的人结婚正成为一种日益增长的趋势，部分原因是过去几十年来女性在获取教育资源上取得了实质性的飞跃。尽管有了这些进步，但女性更倾向于选择收入潜力高于自身的男性，这也仍然是一个持续增长的趋势[11]。不仅如此，女性与收入低于自己的男性结婚的可能性很小，即使他们结婚了，离婚的概率也很大[12]。这其中有很多原因，但最常见的还是传统的性别观念——男人应该是家庭的经济支柱，不遵循这种传统观念的关系，很容易造成紧张的氛围。尽管有人声称，某些文化中的性别平等观念可能会降低女性在择偶时将高收入能力作为主要衡量标准的意愿（以及男性择偶时以外貌作为衡量标准的意愿），但在2019年对36个国家的数据分析表明，情况并非如此[13]。在所有文化中，男性不约而同地倾向于选择身体条件更有吸引力的配偶，而女性更倾向于选择有能力提供更多的男性[14]。

但用美国进化心理学家戴维·巴斯（David Buss）和托德·沙克尔福德（Todd Shackelford）的话说，"有魅力的女性想要一切"[15]。在外貌上有吸引力的女人不仅在婚恋市场上更受欢迎，在择偶时也有更高的标准。她们希望对方有良好的基因（如外形有吸引力、身体健康），有良好的投资能力（如会挣钱、有收入前景），有潜力成为好父母（如想要并且喜欢孩子）和好拍档（也就是有爱意）。有魅力的女性在选择长期伴侣时，不仅仅想考虑其中一个或几个特征，而是想考虑以上全部。但对男人来说，情况也是如此吗？

你选啦啦队队长还是宇航员？

那年冬天，我刚三十出头，和丈夫住在法国阿尔卑斯山一座叫莫尔济讷（Morzine）的古朴的滑雪小镇，它也是"太阳门"（Portes du Soleil）的一部分。沿着法国和瑞士边境绵延六百多公里，"太阳门"包含了法国勃朗峰和瑞士日内瓦湖之间的13个滑雪胜地。那个冬天我们理所当然地滑了很多次雪，不滑雪的时候，就在山坡下的小木屋里度假。小木屋建在山的一侧，离村子中心只有几百米。它舒适而富有田园气息，手绘的木质百叶窗通向后院的小山，推开窗就能看到正在吃草的山羊。这当然不是属于我们的山羊，但就像我在那个冬天遇到的许多事情一样（比如美味的奶酪，每周的农贸市场，以及自己动手在热石上烹制肉类的体验），我会把吃草的山羊作为自己在法国阿尔卑斯山身份认同的一部分。那个冬天里，这种身份认同还包括阿尔卑斯山上的滑雪美食，以及和朋友们在小酒吧里谈天说地的夜晚。

某天晚上，我向酒吧里的几个男人提了一个问题——他们来自美国，有大学学历，年龄在20岁左右。这个问题来自中国和比利时的研究人员近期的一项实际科学研究场景，比利时研究人员的报告标题便足以概括："男性是否会被受过高等教育的女性所吓倒？"

此前与同质婚有关的研究表明，男人和女人择偶时都寻找在教育和社会经济地位等属性上与他们相似的人。经济学家大卫·翁（David Ong）在2015年进行的一项研究，测评了中国在线约会网站上388份虚构约会资料的访问量，这些男性和女性资料包括不同教育和收入水平的随机组合[16]。值得注意的是，女性的受教育程度和收入水平与她们个人资料的点击率没有直接关系，但受教育程度较高的男性得到了更多女性的点击率。此外，受教育程度高的女性浏览高收入男性资料的频率也更高。换句话说，研究结果符合进化论的预期，男性可能并不关心潜在伴侣的收入和受教育状况，但显然女性更关心这个问题。

比利时研究人员也进行了类似研究，只不过不是计算约会网站个人资料的点击量，而是使用Tinder。他们针对24个具有不同教育水平的虚构账号进行了研究[17]。利用随机生成的算法，他们对150份最先出现在他们面前的Tinder个人资料进行"左右划"筛选，然后计算每个账号收到的配对、喜欢和聊天数。与大卫·翁的研究类似，他们发现，女性会关注对方的受教育水平，表现出对"高嫁"（hypergamy）的兴趣，也就是说她们会更倾向于选择与高于自己阶层的人"配对"；而男性则没有出现这样的情况。但也没有任何证据表明，男性会拒绝一个比自己学历高的女性，至少在 Tinder 上是这样。

在阿尔卑斯山上，我给我所遇到的美国男人提供了一个几乎相同的场景。我让他们想象自己正在浏览约会网站，看到两份个人资料，每份都有两张照片：一张头像，一张全身照。我们假设两份资料中的照片是一模一样的——可以满足他们对完美女性外形的所有想象。但在个人简介中，一个女人说她是职业足球队的啦啦队员，另一个则是一名宇航员。记住，她们的长相完全相同，只有职业差异，在此情况下，他们会点开哪一个呢？

现场的两个男人做了同样的选择。我很清楚这个样本只包含了两个人，在科学上根本不成立，尽管如此，这也算是一个数据点。他们的答案都是啦啦队员。我同样尊重从事这两个职业的女性——她们都做了我做不到的事情，但我也认为星际旅行绝对是任何人的履历中最酷的事情之一。因此，我对两个男人的选择感到惊讶。

许多人都知道乔尼·金（Jonny Kim）这个名字吧[18]。美国航空航天局网站上公布的履历显示，他在高中毕业后就加入了美国海军，然后加入著名的"海豹训练计划"——该计划将这些精英候选者送上高级特殊作战岗位。在中东地区执行了一百多次战斗任务后，乔尼·金进入大学，获得了数学学位，之后又在哈佛大学取得了医学学位，并成为了一名医生。2017年，他向美国航空航天局提交了"宇航员候选人培训计划"的申请，并且顺利通过。2020年，36岁的乔尼·金正在等待执行他的第一次任务。他在不同领域都取得了成功——包括智力和体力的双重考验，让人不得不为之惊叹。

成为一名宇航员需要相当缜密的智识水平。根据美国航空航天局给出的参考准则，一个人要想成为宇航员，必须拥有科学、技术、工程和数学领域或医学方面的硕士学位，同时完成飞行员学校的课程，或有额外的飞行或相关专业经验，身体素质也要健康到无可挑剔。你必须通过长期的太空飞行体检，并在宇航员培训期间完成各种令人难以置信的挑战极限的体能任务。其中一项任务是穿着飞行服踩水10分钟，这听起来就像是我训练多少年也无法做到的事情。也许是因为对智力和体力的双重高要求，宇航员一直是一份独特的职业。2021年4月，美国航空航天局网站上只列出了47名有资格参加太空飞行任务的人。

然而，这一点显然没有吸引到我对面的两个男人。

"呃……女宇航员？"他们耸耸肩说，"野心太大。"

果真如此吗？在经历了妇女争取选举权等一系列女性社会运动的巨大进步后，一个成功女性还会被评价为"野心太大"？鉴于那些男人对我的回答，答案显然是肯定的。此外，正如比利时研究人员所指出的，"女性……会回避那些可能有助于她们事业成功的行为，以免在约会市场上表现出不受欢迎的特征，比如进取心[19]。"看来，在约会市场中，不仅野心本身是"不受欢迎的特征"，女性还在主动努力抑制住她们的进取心，担心它可能吓走潜在的追求对象。由此可见，当成功的男性不得不拒绝一大批潜在伴侣时，成就与之相当的女性很可能会被忽略，甚至被避开。

在此，我想给自己一次想说什么就说什么的机会，表达我未经任何过滤的真实感受。我要表达的可能不甚科学，但的确是我的心里话。毕竟你在阅读的是一本关于亲密关系的书，所以请靠近点，把耳朵凑过来，我想说的是：这难道是在开玩笑吗？这个世界已经有超过一半的女性参加了工作，作为女性，我们真的不应该努力成功吗？

让我们回到艾拉的追爱故事上。上文没有提到的是，她除了拥有美妙的歌喉，还有许多充满吸引力的品质，包括聪明的头脑和迷人的美貌。你可能已经猜到了这一点——她有足以登上电视真人秀节目的外形条件，吸引有才情的对象、并成功维持关系的情商——艾拉是一个有魅力的女性，非常令人着迷。然而，与巴斯和沙克尔福德研究中的女性不同，她并非那种想要对方拥有"全部"特质的女人。相反，艾拉希望彼此的特质能有一种独特的融合；用她的话说，想要一个有创意的、前卫的、令人兴奋的、活跃的、聪明的、好看的、对音乐感兴趣的人。此外"还有一些加分项：比如在精神上契合，在家务中得心应手，善于烹饪，床上功夫了得[20]。"艾拉无疑是一名成功女性，不管是否出于本心，美妙的歌声已经让她的"野心"声名远播。就像巴斯和沙克尔福德研究中的其他有魅力的女性一样，她有一个长长的特殊清单，罗列了她"理想型"的特征。

所以，当我们试图寻找一个生活伴侣时，不是在大海捞针，而是在寻找特定的人——那些在某些重要方面能与我们相配的人、那些拥有特定品质的人。即使在最理想的状态下，哪怕全世界都在"指掌之间"，寻找爱情也会成为一种挑战。在网络上寻找爱情时，我们至少被三个相互交织的问题所困扰：挑战"大海捞针"，患上"分析瘫痪症"，发现"海里有许多鱼"——我会逐个分析这些问题。

现在，让我们回顾一下之前引用过的皮尤研究所的统计数字，即39％的人与在约会网站上认识的人建立过一段认真的关系，或缔结了婚姻关系。乍一看像是在说，如果你在网上寻找伴侣，就有39％的机会找到真爱。这听起来似乎很不错，但实际上这种理解是完全错误的。我会在稍后解释原因，但首先，让我们先短暂地穿越回高中时代。

返校节公主才能赢得彩票

如果能重返高一，我的愿望之一就是成为新生返校节的"公主"（homecoming princess），尽管有些人读到这里可能会觉得很老套：这也太符合对美国流行文化的刻板印象了，但这是我的真实愿望。我们学校有一支很厉害的足球队。作为返校节活动的一部分，每年秋天，在备受瞩目的球赛中场休息时，三位返校节公主候选人会身着舞会礼服，被护送到球场，在全校师生面前加冕。其中一个女孩被加冕为"公主"，剩下两位分获亚、季军，并被授予"公主"宫廷中的职位。虽然现在我已经可以从一个完全不同的视角看待这场"加冕活动"，但对于一个年仅14岁、看着迪士尼电影和20世纪80年代浪漫电影长大的女孩来说，这一切令人心醉。我们年级有大概200名同学，其中差不多有一半是女生。从纯统计学意义上讲，这意味着我可能有4%的机会成为返校节公主。不过，实际上我的机会是0。而那个获胜的女孩则几乎是100%。事实上从一开始我们就不是平等的。她身上有着更多人们观念中"返校节公主"的特质：她更漂亮，性格外向，有很多朋友。她不搞小团体，与人为善。每个人都喜欢她，在任何方面都无可争议。她就如教科书所定义的那样受人欢迎。

在线约会的概率就像评选加冕返校节公主，与买彩票完全相反。至少买彩票后每个人都会拥有一个球，都有同等的机会赢得比赛。而在线约会的实际场景则是：100个人进入同一座竞技场，中间只有一个巨大的奖品——爱情。彩票组织者会提前告诉我们，100个人中将有39个赢家，只需一个球，你就可以参与其中。很幸运，这里有足够的球可以分配——彩票组织者手中有1000个球，但他们并不打算平均分。相反，得球的数量取决于你的个人特质。有些球代表你善解人意，有些代表你有魅力四射的外表，剩下的还有智慧、幽默感、创造力和适应能力等。这100个人中，有些人表现突出，能得到100个球，这相当于100次恋爱机会；有些人能得到50个、30个或10个；而有些人只有几个球，还有的人可能一个都没有，只能坐在场边看，好像他们在进入这座竞技场之前就已经输了。

我们找到爱情的机会既不公平，也不随机。

现实总是如此艰难：有些人觉得找到爱情很容易，另一些人则觉得这很难。由于互联网的不断延展、扩张，这两类人试图在网上寻找爱情时，都面临着"大海捞针"的挑战。大约五年前，我进行了一项还未公开发表的研究，题目是"一个人在一天内能找到多少段爱情？"我的朋友安娜当时25岁，住在芝加哥附近，注册了三个比较流行的约会网站并上传了她的个人资料（基本与Tinder上的一致）。她在每个网站都上传了三张照片：一张大头照和两张全身照，包括一张抱着狗的照片。如果在Tinder上看到感兴趣的潜在匹配对象，用户可以主动使用"向右划"功能添加好友；为公平起见，安娜计划在三个网站上都使用了这种主动的参与策略。在Tinder上，看到感兴趣的个人资料时，她会使用"向右划"功能，如果匹配成功，她就立即给对方发送一条信息："我看了你的资料，希望能更好地了解你。"在其他平台上，她会通过主动搜索找出她感兴趣的个人资料，并发送同样的信息。该计划执行了一天：我们选择在10月4日（星期日）进行，从上午10点到午夜之间（下午3点到4点除外，我们花了1小时吃午饭），安娜一直在约会网站上"冲浪"，给每个她感兴趣的账号发信息——在这种情况下，收到信息的人几乎就是芝加哥地区所有她可能约会的男人（安娜是异性恋）。同样，为公平起见，她每次在同一个网站上操作的时间为30分钟，然后依次交替。

这漫长的一天，安娜向大约150名男性发送了信息。她在3个约会网站上共收到601个人发来的信息。其中108名男性回复了安娜的信息，493名男性（其中大部分是她不感兴趣的）在未经请求的情况下主动联系了安娜。这些信息中的大部分（370条）都是在当天收到的，64条是在第二天收到的，其余的则是在接下来的几天里陆续收到的。信息的长度和内容各不相同，从"嘿"到更长、更吸引人的信息，人们会提到她的工作和兴趣，并提出见面的请求。有些人甚至给她发了不止一条信息，有个男人给她发了四次信息，但安娜都没有回复。在这一天中，安娜就收到了超过100个爱情彩票球。但即使她已经拥有这么多球，也不能保证这些男人中有适合安娜的那一个。

选择太多也有烦恼

在一些人看来，中了"爱情彩票"可能只是想象中的场景。当她真正面对如此多的选择时，安娜感到力不从心。这与社会理论家巴里·施瓦茨（Barry Schwartz）的观点一致，他认为拥有丰富的选择对生活满意度会产生负面影响——就像我们在这个技术时代所感受到的一样[21]。过多的选择使决策变得困难，并可能使我们处于一种分析瘫痪（analysis paralysis）的状态，即因过度思考应做出的选择而无法向前迈进。希娜·艾扬格（Sheena Iyengar）和马克·莱帕（Mark Leppar）著名的果酱研究有力地证明了这一现象[22]。在田野调查中，他们选择了加州一家高档杂货店，购物者会碰到两种情况：面前有24种果酱或6种果酱。面对24种果酱时，的确会有更多人驻足，但两组停下来的人，基本上品尝的果酱数量相同。更重要的一点是，实际上选择较少的人更有可能购买果酱：有6种选择的人中，有30%购买了果酱，而有24种选择的人中，买果酱的只有3%。

已经有人将这项研究对应到线上约会的场景中了。世界各地的研究都表明，在约会方面提供的选择越多，搜索人做出决定所需付出的认知努力就越大[23]。况且，选择太多还会对选择的质量产生负面影响：为搜索目标的所付出的认知精力，会不断消耗人的资源、能量，使他无法做出最好的决定，产生"更多意味着更糟"的效果。当然，这种影响对每个人来说不尽相同，人们应对选择多样性的模式也存在着个体差异：有的人是最大化者，他们总希望得到最好的，在面对选择时似乎更痛苦；有的人是满足者，他们知足常乐，面对选择没有那么大的负担[24]。用列夫·托尔斯泰（Leo Tolstoy）在《安娜·卡列尼娜》（*Anna Karenina*）中的话说："如果你追求完美，那么你将永远得不到满足。"[25]

虽然海量的选择有时会对择偶的最初过程造成阻碍，但贯穿这个过程的首要问题是：寻找爱情的过程就像大海捞针（尤其是在网上）。信号检测理论①（signal detection theory）认为，我们需要在噪声背景下破译出一个信号。将该理论大体应用于我们的情境，

---

① 信号检测理论亦称"信号觉察理论"，在从噪声中检测信号时，因通过测定有信号时的正确反应和有噪声时的错误反应，将过去在阈值测定中混淆了的、被测体判断的感觉侧面与非感觉侧面分离开来。

意味着寻找爱情需要你在茫茫人海中努力识别正确的选择。我们的在线约会研究仅仅关注了追爱过程中的一个方面：浏览个人资料，寻找感兴趣的人。事实上寻找爱情的过程要复杂得多，它涉及在关系形成的各个阶段所做的一系列决定。在每个阶段，人们要面对不同的人做出不止一个，甚至是许多个决定。以下是我罗列的"一个约会者可能要做的决定"清单：

第一阶段：初始搜索

在哪个场所寻找伴侣（线下实体空间还是线上应用软件）？

是否与某个特定的人建立联系，与他交谈、发信息或打电话？

在同一时间段内与多少人建立联系，与他/他们交谈、发信息或打电话？

第二阶段：确认两人之间是否建立联系

要不要回应某个人？

回复对方的速度、频率如何？

要不要将线上聊天转为语音或视频通话交流？

要不要与对方"奔现"？

在同一时间段内与多少人聊天或见面？

第三阶段：确定关系的结构和时长

对方是否适合短期约会？

对方是否适合长期关系?

要不要结束一段关系?

如何结束一段关系?

以上的每个步骤都要认真决策,要消耗宝贵的认知精力,而这些精力基本都是从工作、朋友或家庭那里分散过来的。那些寻找爱情的约会者也不一定完全按照上面的清单一步步来,或者只专注于一个约会对象。相反,人们可能会面临这样的情况:已经在网上认识了一个不错的对象,也在线下见过面,却又看到了其他感兴趣的个人资料,这时他/她就要决定——要不要给后者发消息,前者是否适合建立长期关系。如果做这么多决定还不足以让你相信寻找爱情是一个复杂的过程,尤其是在我们这个以技术为媒介的世界里,那么请你再思考一下这个决策过程的潜在持续时间——它可能会一直无限期地持续下去,直到这个寻找爱情的人决定要单身,或者找到一个(或多个)建立了强关系的伴侣,才会决定放弃寻找。况且,在生命中的任何节点,他们都可以改变主意,转换方向。

超心理现象与棉花糖人

如果说这么烦琐的步骤还不足以让你觉得,建立恋爱关系是一件具有挑战性的事的话，那么你可曾想过，每一步都有可能出现错误——你可能选择了一些自己最终并不喜欢的人和事。人们常常对他人做出错误的评估，导致我们去追求错的人，花时间与他们相处。在这里，我必须再次提出警告，其实并没有什么"错"的人。在寻找爱情的过程中，错的人往往是指那些你确定对方不适合与你发展关系（无论是长期还是短期）的人。但这种错误是如何产生的，爱情中的错误决定又是如何做出的呢？

达里尔·贝姆（Daryl Bem）和沃尔特·米歇尔（Walter Mischel）的研究能帮我们理解人们出现这些错误的原因。20世纪90年代初，当我还在康奈尔大学读书时，贝姆就已经是学校里的知名教授了。我没有修过他的课，但他是心理学入门课的演讲嘉宾。课堂上，他带领在场的1000多名学生做了一个超心理现象①测试（PSI Phenomena，即超感官知觉）。2011年，贝姆的一篇论文使他得到了很多关注，文章试图证明人的预知能力（即在刺激物显示之前对其作出反应）[26]。这篇论文在心理学领域引发了激烈争论：有人要求他撤回论文，但《人格与社会心理学杂志》（Journal of Personality and Social Psychology）发表了社论，指出保留这篇论文的理由。事实上，不仅在超心理现象领域，整个心理学领域都

---

① 主要研究一系列超自然现象，包括濒死体验、轮回、出体、前世回溯、传心术、预言、遥视和意念力等。

出现了大量相似研究[27]。作为回应，贝姆和他的团队在2015年发表了针对90个实验的后续元分析，对贝姆最初的发现进行了巩固论证，并再次提供了人们可以预测未来事件的证据[28]。此后，其他知名研究人员也在顶级期刊上发文，提供了对不同类型超心理现象的实证支持[29]。然而许多学者对此仍持怀疑态度，甚至是强烈的批评。就我个人而言，我一直对贝姆决定研究超心理现象刮目相看。通过研究超心理现象，贝姆确立了自己在该学科中略显反叛的学术地位。他不顾批评，走自己的路，这对学术界来说有时是很难做到的，我尊重他的勇气。

尽管如此，真正影响了我对人类的认知的并不是贝姆的超心理研究，而是他的自我认知理论（self-perception theory）。该理论认为，人类并不擅长解读自己的情绪或态度[30]。根据贝姆的说法，我们从内部获取个人情绪线索的能力是很弱的，而且很难解读这些线索。因此，我们只能依靠对外部行为的解读来推断自我的想法和感受。如果将该理论应用到约会场景中，我们会发现：当有人问起你对正在交往的新对象有什么感觉时，你可能无法定义自己的情绪，因为这种感觉并不清晰、明确。因为内心缺乏安全感，你可能会说："嗯……我上周和他出去约会了三次，所以我觉得进展还不错。"

最新研究表明，人体生理反应确实有助于解读人类的情绪[31]。

一个芬兰科学团队一直在努力开发"情绪身体地图",关注当人们感受到某些情绪——如爱、悲伤和惊讶时,身体的哪些部分会被"激活"。2020年的一项研究调研了包括109个国家在内的6559人,研究人员发现,不同文化背景下,当人们感受特定情绪时,机体被激活的部位是高度一致的[32]。"激活"的模式代表了情绪的"生理指纹",当我们开始识别这些指纹,就能更好地理解自己的情绪。也许对"读心术"的研究还太过遥远,但对大多数人来说,读懂自己的心似乎完全有可能实现。

以上研究表明,解释自己情绪的技能是可以培养的,但在没有明显生理线索(如心率或呼吸频率变化)的情况下,我们可能很难确定自己对某人的感觉如何。不过感觉是会改变的,即使我们能有效解释某一瞬间的情绪,一时的情愫也不一定就能预测长期的感觉。况且,人的感觉会随着情境变化而改变,换一个环境,可能会完全改变我们对人的感觉。

这就引出了棉花糖实验的发明者——米歇尔①。为了测试儿童抵制诱惑的能力,他在参与测试的孩子们面前放了一个棉花糖(或其他美味的食物),孩子如果能忍住不吃,就能在之后得到两个棉花糖的延迟奖励[33]。米歇尔强调,情境是一种能塑造行为的强大力

---

① 指斯坦福大学博士沃尔特·米歇尔(Walter Mischel)博士。

量。这对当时的人格理论学家提出了挑战，后者认为人格具有一致性，人们可以被准确界定为具有某种稳定气质类型的个体[34]。但米歇尔认为，人的行为在不同情境中具有很大差异；且行为变化不是随机发生的，也反映着个体的特质。确切地说，我们能够预想到，人们在家里和在工作环境中表现出不一样的性格；或者用更现代的角度观察——人们打字时和说话时的性格不一样，因为人的确在不同情境下具有差异性。那么，考虑到文本信息媒介的单一属性，用文字交流也并非同步，若仅通过网络交流就试图判断自己与对方是否合适，就很容易出错。即使对方并没有刻意隐藏真实的自我，他们在网络上呈现出的那个"自己"也很可能与现实生活中不尽相同。

决策的艺术

不论其背后动因如何，即便在择偶初期，犯下这些错误也会给你造成重大损失。比如，你选择给一号追求者发信息并与之见面，是因为你看上了他的照片，而且聊天时他幽默性感，命中了你的笑点和兴奋点。同时在跟你聊天的二号追求者既不好笑也不撩人，所以在两人之中你选择了前者。只可惜，与一号追求者约会那个夜晚可以用惨不忍睹来形容。也许他在展现自我时撒了谎

(71%的线上约会者说，人们在网上撒谎是为了让自己看起来更吸引人)[35]。当他与你面对面交谈时，跟在网上和你聊天时简直判若两人。无论如何，要么他不喜欢你，要么你不喜欢他，你和一号追求者的约会旅程就此结束。

实际上，我们很快就能判断出自己喜欢什么、不喜欢什么，这个做决定的过程所需的信息比他人预想的要少得多。芝加哥大学研究人员纳达夫·克莱因（Nadav Klein）和艾德·欧布莱恩（Ed O'Brien）用一个精妙的绘画实验验证了这一理论[36]。参与者被随机分为两组：体验者和预测者。体验者会连续看到40幅同一风格的系列画作，在这个过程中，他们要告诉研究人员：在看到第几幅画时，能确定自己是否喜欢这种风格；同时，预测者要做的是猜测体验者们的答案。两组人员先做了热身，速览了40幅画的缩略图，之后，实验正式开始。

在体验者组，平均每位体验者在看到3.38幅画后，就确定了自己对这种风格的偏好——这个数字远低于预测者小组，他们认为，体验者至少需要看过16.29幅画之后才能做出决定。随后，研究人员又在一系列需要做出决策的任务中重复了这项实验，发现人们同样能对以下选择做出快速判断：是否喜欢某种饮料，某人是好学生还是坏学生，这个人是不是运动员、邻居、赌徒，甚至眼前人是不是个快乐的人，等等。同样，在所有情况下，预测者都高估了人们做出判定所需的时间。克莱因和欧布莱恩表示，尽管我们自己可以迅速做出判断，但仍会认为他人需要更全面的信息来决策。在这种情况下，他们让一些工商管理系的硕士生来判断：招聘主管需要读多少篇文章才能决定是否雇用他们？平均而言，这些学生得出的结论是至少需要读4篇文章，但事实上，一个招聘主管只需要读两篇文章，就差不多能做出决定。我们能迅速对别人做出判断，对方也同样可以快速评判我们。

对于爱情，我们做决定的时间可能还会更短。当我们看到热恋对象的照片，甚至只是他们的名字时，大脑的愉悦中枢（即服用可卡因时可被激活的区域）需要不到30秒，甚至只需短短五分之一秒的时间就会被激活[37]。然而，若我们要决定某人是否能成为自己的终身伴侣，就要深思熟虑了。一些研究显示，已婚人士平均需要173天的时间才能确定自己选定的结婚对象是那个"对的人"。但这却又比单身人士所认为的211天要少得多。然而，用30秒感受爱情的喜悦，花6个月找出自己的终身伴侣，在长达一生的时间范畴下，这似乎是一个低成本、高回报的投资。从这个意义上理解，如果你认为自己在择偶问题上做出的决定太过草率，其实从科学的角度来看，这是再正常不过的事情。

回到前文那两个追求者身上。根据现有信息，你可以完全确定，一号追求者并非那个"对的人"，甚至不能成为这个人的候选者，因此你又开始寻找其他选择。但是，当你想把二号追求者约出来时（在与一号追求者进行了糟糕的约会之后，你对二号追求者的评价变高了），他可能已经转而去追求别人了。最惨的情况是，实际上二号比一号更适合你，但你已在茫茫大海中"捞针"失败。

导致我们错过目标的不仅仅是行动。假如我们什么都不做，只是被动接受所有发生在自己身上的事情，也要付出相应的代价。你可能会想起那个经典的伦理困境——电车难题①，作为旁观者，你可以什么都不做，任由失控的电车撞上铁轨上的五个人；或者拉起操纵杆，让电车转移到另一侧轨道，去撞那一个人。这个两难悖论证明了：什么都不做也是一种选择。而在约会的情境下，比方说，在与一号追求者进行了一次糟糕的约会后，你并没有立刻决定分手。你在持保留意见的情况下，继续与之约会、聊天，甚至可能进入了一段互相承诺的关系。当选择与一个并不能让你完全满意的人确立关系时，一种可能是走向成功——因为你们可以也确实在互相妥协、做出改变。而另一种可能则是局面并没有发生改善，或许你就此错过了那个更适合你的人。

---

① 电车难题（Trolley Problem）是伦理学领域最知名的思想实验之一，实验内容大致是：一个疯子把五个无辜的人绑在电车轨道上。一辆失控的电车正朝他们驶来。你可以操控拉杆，让电车开到另一条轨道上。但在另一条轨道上也绑着一个人。在这种情况下，你是否会拉起拉杆？

海里有许多鱼

以上情境让我想起一个自己研究了近十年的话题——我将之称为"海里有许多鱼"现象。在皮尤研究所2019年度在线约会研究中,一位27岁的女性参与者说:"当约会网站或应用程序不断告诉你,你一直被优秀的单身人士所包围时,你很难在一段关系上下功夫,或者再给伴侣一个弥补过失的机会。你会觉得总有更好或更容易的选择。"[38] 她的观点恰好抓住了问题的关键。

我理解这位女士的感受,但我认为她太迷信约会软件的宣传了。事实上,你身边本来就有很多单身人士,而且他们中的大多数人是优秀的。但这个数字到底是多少? 如今似乎已创历史新高。2018年美国人口普查显示,超过1.1亿成年人称自己是单身,占当时所有美国居民的45.2%[39]。相比之下,1960年只有28%的成年美国人是单身[40]。同时,30年来的全球趋势显示出单身状态处于历史高位的部分原因:如今有更多40岁以上的未婚女性,离婚的人也更多,人口平均结婚年龄仍在逐步上涨[41]。从统计学的角度看,正在约会的人比之前更有可能找到恋人。

当然,这位女士过于强调外部力量对人类行为的影响了。真的只是网站让我们相信,总有一个更好的或更容易的选择吗? 还是说我们原本就相信这一点，只是网站给出的判断恰好反映出内心的真实想法呢？

50多年前，关系学研究者探究了人们能维持一段关系的原因。当时普遍的理解基于心理学家哈罗德·凯利（Harold Kelley）和约翰·蒂伯（John Thibaut）的相互依赖理论（interdependence theory）。该理论认为，维持一段关系是基于一个人对关系的依赖程度或需要程度[42]。人们是否选择在一段关系中停留主要取决于两个因素：满意度（即伴侣在多大程度上满足了我最重要的需求）和替代者的质量（即我对这种关系的最佳替代者有多大渴望）。此后，心理学教授卡里尔·鲁斯伯特（Caryl Rusbult）将这一理论扩展为投资模型量表（investment model scale），这可能是如今使用最广的关系投资模型[43]。鲁斯伯特添加了一个维度——投入资源（即与关系相关的资源，也就是若关系结束就会失去的资源，如金钱、朋友和关系），她认为这一点也影响我们对伴侣的依赖性。这种依赖性反过来又强化了彼此对这段关系的承诺，使其走得更长远。

上述两个模型的共同点是，人们会不断评估身边是否有更好的选择。这很正常，也很普遍。我们面临的基本问题是，在我存在的世界里，真的有一个更适合我的伴侣吗？如果一个人正处于一段高承诺度和高满意度的关系中，他/她并不会对一个可能替代这段关系的人做出高度评价；但当满意度降低或投入资源减少时，人们可能会对身边的其他选择表现出更强的兴趣。一旦天平开始向后者倾斜，一段关系的承诺便岌岌可危，极有可能导致关系中的人去主动追求他们的"备胎"。

多年来，我和杰森·迪布尔（Jayson Dibble）、丹·米勒（Dan Miller）一直在研究所谓的"备胎"（back burners）问题。哪些人会有"备胎"，他们为什么会有"备胎"，"备胎"对现有关系的威胁有多大？在2015年的一项研究中，我们找了一些处于忠诚关系中的年轻人，让他们简单浏览自己的"脸书"好友列表，假设一下如果现在是单身，可能会与其中的多少人建立亲密关系[44]。平均而言，年轻女性会考虑与"脸书"好友中的3个人谈恋爱，可能发生性关系的有8人；男性则表示会考虑与其中8人建立恋爱关系，可能会跟列表中的26个人发生性关系。这仅仅是在脸书上，我们还没有询问Whatsapp和色拉布用户，这些软件可是人们定期与"备胎"沟通的常用工具。

更进一步的研究中，我们询问了所有年龄段的成年人，他们是否有"备胎"——这里的"备胎"是指人们在感情方面对其产生兴趣的人，与他们交流时，可能会建立一段浪漫关系。界定一个人是否具有"备胎"属性，就是看其是否会与当事人进行这种交流（暗示着一方正在追求另一方），而且在这些追求者心中，他们有可能会与"备胎"建立一段浪漫关系。从本质上讲，有可能成为"备胎"的人就是那些"大海里的鱼"。这个现象覆盖了所有年龄段的人群。现代科技打造的社交网络上，年轻女性平均每人拥有4个备胎；年轻男性则有8个。年长一些的已婚人士也有备胎，我将在下一章中探讨这个问题。

其实这些发现并不出人意料。关系模型表明，人们始终在不断评估周围可选择的对象。但令人惊讶的是，单身人士并不比恋爱中的人拥有更多的"备胎"。还有一点，无论是在感情方面还是在性方面，你的"备胎"数量与你对目前伴侣的投入资源及忠诚度并没有显著关系。现在，让我们回想一下之前谈到的关系理论。那些处于高忠诚度关系中的人不是应该降低对潜在替代者的评价了吗？他们更不可能与这些"备胎"沟通吧？真的不一定。鉴于现代技术手段对通信格局的建构，基于各种社交网络平台，与自己感兴趣的人交流变得越来越简单。只需几秒钟，而且完全是私密的。尽管这种交流起初只是纯粹的对话，没有任何浪漫企图，但在认识对方的过程中，我们可能会开始这样想："我也许可以想象自己在未来的某一天和这个人在一起。"一旦出现这种情况，你就有了一个"备胎"。

大海捞针，分析瘫痪，海里有许多鱼。技术不仅改变了人们结识新对象和约会的方式——这些活动可以在线上发生，也完全颠覆了现实世界的约会进程。当今世界，人们做出任何决定都可以依赖于网络。从购买面霜到挑选度假小屋，你可以通过成百上千条评价找出你想要的任何东西。也很难想象这些人不会用互联网来检索、审核他们的爱情。互联网提供了无尽的信息和机会——这是人类最渴望的两件事。但与此同时，一旦我们试图用互联网成就爱情，就会遇到各种各样的烦心事。

写到这里时，艾拉刚刚经历了一次分手。这段关系大概维持了8个月——超过了173天，也就是能做出"是否要共度一生"决策所需的天数。但当她给出"是"的答案时，那个男人却说，他们的关系不会有任何进展了。艾拉彻底心碎了。她正在遵照互联网的指导，承诺在30天内不回复他的任何消息（或许是不适应她突然玩消失的不确定性，他已经发了五条消息）。艾拉回到了她的艺术天地，与她的乐队一起推出了新专辑。余下的时间里，她几乎都和朋友们在一起。每迈出大胆、勇敢、美好的一步，她都会在社交媒体上发个帖子，社交媒体上的她说："我过得很好。"现实中她向我承认："我很痛苦。"也许那个男人会看到这一切，并请求她回到他身边；但如果没有，这个玩 Tinder 的灰姑娘也清楚地知道，海里还有无数条鱼在等着她。

约会生存指南

在社交软件上约会的灰姑娘

生存技巧 25 约会网站和软件的流行并不是没来由的，人们真的有机会由此建立恋爱关系。我们常常会产生一种误解：只有孤独绝望的人才会使用约会网站。但事实并非如此，不要因为这种刻板印象、也不要因为你不是数字原住民就对它避之唯恐不及。接受并适应它们的存在吧，我保证，如果你这样做，爱情的机会之门将向你敞开。

你选啦啦队队长还是宇航员？

生存技巧 26 就算世界上最甜的桃子摆在面前，但也有人本来就不喜欢吃桃子——不要强行与那些不欣赏你的人建立关系。如果你很聪明，那就找一个喜欢聪明人的人；如果你有运动天赋，那就挑一个喜欢运动的人。世界上有数以百万计的优质单身人士，能配得上你的人多到你穷尽一生都约不完，专心去寻找这些人吧！

返校节公主才能赢得彩票

生存技巧27 严峻的现实是：每个人寻找爱情的机会并不是均等的。如何创造更多机会？潜心于你的爱好，进行深耕吧。有朝一日，你可能会遇到与你志趣相投的人。如果你已经尝试过这条路，但没有结果，那就去发展新的爱好。参加艺术课程、成为动感单车教练、学习烹饪、补习意大利语……我们不可能都成为返校节公主，但可以竭尽所能去争取爱情彩票的中奖机会。在爱情的彩票池中，每一个球都很重要，去奋力争取属于自己的那一个吧。

选择太多也有烦恼

生存技巧28 人们已经意识到，在当今世界中，约会是一件很困难的事。诚然，在只能写信的时代，约会更是难上加难，过程就像看着锅里的烤肉从生到熟一样慢；而如今，你的选择就像回转寿司，一个接一个源源不断。这个看起来不错，但下一个呢？5分钟后转到我面前的那个呢？别想太多，先选一块，细细品味它。如果你不喜欢，就不要再拿一样的；如果你喜欢，就远离那张桌子吧，直到你的盘子完全空了。

超心理现象与棉花糖人

生存技巧29 尽可能多去尝试在各色环境中认识新的约会伙伴。假设约会是一场公路旅行,以打卡沿途"十大目的地"为目标,包括发信息、通电话、见面(在公共场合,有充足的光线和许多安全出口的地方),认识他们的朋友,和他叫上几个人一起出去玩,去他家看看,让他带你去吃他最喜欢的餐厅……在不同的空间和情境下,你们彼此会显现出差异。身处于丰富多彩的约会当中,你可以更好地去感受:有没有心跳加速、小鹿乱撞?有没有对你来说更重要的其他感觉?跟着感觉走吧。

决策的艺术

生存技巧30 大脑只需几秒钟就能"读出"爱情,请相信你的直觉。如果你真的对一个人没有感觉,不要害怕结束,分手不会伤害到任何人。实际上你是在帮助彼此。及时分手节约了社会资源,也为最终可能成为你伴侣的人节省了你们彼此的资源。你可不是一口深不见底的水井,拥有无限的时间和精力。如果你在一场场约会中游移不定,请迅速中止这种行为,快刀斩乱麻地做出决定,相信自己的决定是正确的,勇往直前吧。

海里有许多鱼

生存技巧31　钓鱼的人主要有两种：一种坐在船上或码头上，垂竿等鱼上钩；另一种则会跑到海中央，撒下一张大网。先弄清楚你的约会对象属于哪种捕鱼者。如果他们在广撒网，别指望自己会是他们唯一的鱼。这让你觉得不舒服了吗？那就去寻找另一片海洋吧。

关于科技的附加建议

在一个以科技为驱力的时代，最会约会的人正在做一件非常重要的事：社会经济化。他们知道自己想要什么，迅速投入，若不成功就迅速撤退。他们清楚，时间不是一种无限的资源。为了时间利用最大化，你可以制定一个理想型清单，以最快速度深入了解你遇到的对象。记住，请严格遵守你的清单，别制造"例外"，别忽视危险信号。一旦你知道一段感情没有结果，就立即停止约会、结束这段关系吧，不要一再容忍，你的精力不值得浪费在错误的人身上，请把它留给那个"对的人"。

第六章

婚姻生存指南

喝一杯吗，面对"难逃单调"的婚姻

我曾遇到一个人，他说可以减缓时间的流逝。他并非蛇油推销员或物理学家，而是一名前奥林匹克速滑运动员，曾在1994年的冬奥会上摘取银牌。速滑比赛的决胜往往只在百分之一秒之间，因此他终生都对时间十分敏感。他提出了一个我无法抗拒的问题："你想永生吗？"

"说来听听。"我说。

那是2015年11月，我刚结束在伊利诺伊州内珀维尔的TEDx演讲。这个走向我的人——约翰·科伊尔（John Coyle），是本场的特别嘉宾。他在去年做过一次演讲，对自己的演讲主题充满热情。他让我回想一下自己儿时的生活，鼓励我回忆那些似乎一直在被拉长的漫长夏日。随后,他请我再想一想当下——作为一个妻子、母亲和职业女性的生活。在这两种生活之间,日子过得有多快?

"很快,非常快。"我必须承认这一点。

他这样解释:那些夏日之所以缓慢而悠长,是因为那时的我正在经历许多新鲜的事情:海滩、朋友、吃冰激凌的人、与兄弟姐妹的争吵……我正在经历此前从未经历过的事情,领略从未见识过的东西。这使我能以新的方式思考和感受。当我作为一个充满热情、情绪充沛的探索者,置身于一个全新的世界时,时间就会变慢。

"但是现在,我不还是一个充满热情的探索者吗?"我问。

"也许吧,"他说,"但你的视野变小了。你已经缩小了对生活的观察范围,并且习惯于根据自己的生活经验做出有意的选择,把视野局限于自己熟悉的、喜欢的、了解的事物上。要知道,让时间变慢的关键在于不断扩大阅历的深度与广度。走出舒适区,时间自然就会慢下来。"

上周我重温了他的 TEDx 演讲。我最喜欢的部分是他引用海明威在《太阳照常升起》(*The Sun Also Rises*)中的一句话:"除了斗牛士之外,没有任何人的人生是一路高歌猛进的。"

我现在的生活与斗牛士的生活截然相反。大多数时候,我按部就班地沿着走了不知多少遍的路去上班、到学校接孩子、开车送孩子去参加体育训练、回家。我给孩子们做奇亚籽和肉桂酸奶，遛狗，抖一抖沙发上的靠枕。完全不存在任何"出格"的活动，我的生活中没有什么是新的。我观察世界的孔径是很小很小的。

一个朋友最近提醒我，电影《搏击俱乐部》(*Fight Club*)的一个潜在主题是对男性的"阉割"，以及抵制婚姻与家庭生活对男性的内在消耗。通过参与无人问津的地下战斗，他们重新寻获男子气概与力量。他们激烈反对与现代工作制和家庭生活有关的约束和文化束缚。这不是男人之间的争斗，他们挥出的每一拳，都是在与单调的日常生活抗争。

"那女人呢？"我问，"婚姻和家庭生活不也同样在阉割着女人吗？女人要去上班，周末要开车去采购，要带孩子们去踢足球，打扫房间，为周日的足球赛准备辣椒。结束了一天的琐事，女人也完全失去了男人所期待的那种性活力。所以，男人绝不是唯一被阉割的生物，"我斩钉截铁地说，"女人也在被阉割，我们到哪里的搏击俱乐部去发泄呢？"

"这不就是为什么平时妈妈们这么爱喝酒的原因吗？"他说。

人生苦短，"春光"无限

从字面上看，"斗牛"和"阉割"似乎与我当天的 TEDx 演讲毫无关联：性、爱、不忠、沟通，以及互联网如何改变这一切。这些话题一旦交叉，便会产生一种矛盾。正如我在上一章所说，我们所做的事与想做的事之间总存在一种矛盾。例如，即便是那些遵从一夫一妻制的人，也会不时在身边寻找可能出现的其他伴侣。他们总想多一个选择，与情人以一种浪漫而充满性意味的方式进行交流。尽管类似投入模型这样的关系理论认为，贬低替代关系有助于人们保持对原有伴侣的忠诚，但这些替代关系似乎并没有真的被贬低[1]。人们依然会踏入出轨的"竞技场"，手持红布挑战公牛。

时间改变了"出轨"的观念。30年前，这个竞技场要小得多。人们与出轨对象面对面相遇，催生了办公室恋情和其他各种类型的隐秘交往。而现在，人们可能与自己的出轨对象相距甚远，甚至夫妻也可以不在朝夕相处的情况下保持多年的情感和性关系。当然，"面对面"的出轨仍在不断上演，3%到30%（依据研究得出）的夫妻承认他们有婚外性行为。在过去几十年里，人们对出轨的接受程度变得更宽容。从2000年到2016年，越来越少的美国成年人认为婚外性行为总是错的，更多的人认为它只是"有时是错的"[2]。

互联网上的出轨比例（包括精神出轨）正在攀升。原因何在？因为网上的暧昧关系就是如此简单。我与麦克丹尼尔、迪布尔和米勒一直在研究已婚人士的网上出轨行为，尽管一些人与伴侣有着稳定、持久的关系，却还是冒险在网上建立情感和生理方面的亲密关系。虽然大部分媒体对于像 ashleymadison.com 这样的网站（网站口号是"人生苦短，'春光'无限"）持否定态度，但普通的应用程序和社交网站（比如 Whatsapp、Instagram 和脸书）让数百万人能通过互联网与他人发展并保持隐秘关系，而且不必使用付费专区就能发送消息——你无须到付费网站去偷情，只需浏览一下社交媒体上的好友列表，就会更容易、更便捷地找到出轨对象，甚至可能更有成效。

在过去十年里，我们调查的已婚人士称，他们在网上与"好友"发生过各种各样的不忠行为，包括给好友发送暧昧信息[3]。这被称为年轻人的"新一垒"（new first base，指全新的迈向情侣关系的第一步），有时两个人会在还没见面时就交换裸照。这种行为的吸引力毋庸置疑，但研究表明，暧昧短信与一些消极的个人和关系特征有关，如矛盾、关系中的冲突和不安全的依恋[4]。大多数人认为这是一种不忠。在一夫一妻关系之外给另一个人发送此类短信（无论是单纯的暴露行为还是为了调情），这种行为的不忠程度仅次于实质性的肉体出轨，如与情人一起洗澡或热吻[5]。

我们的伴侣最有可能向谁发送暧昧短信？大概率是他们心里那位"备胎"。他们一直藏在心里的隐秘角落，等待着在未来的某一天可能会出现的浪漫关系。他们究竟是哪些人？谁是那个"备胎"？在多数情况下，最大的威胁来自前任。近期研究表明，53%的人会通过社交平台查看前任或前暧昧对象的生活。当被问及最有可能的"备胎"人选，44%的成年人选择了前任，另外24%的人则表示是以前的暗恋对象[6]。无论是因为他们曾与前任发生过性关系，还是随着时间的推移回顾前任的感受时出现了积极情感偏差，不得不说，通往过去的心门从未真正关闭。

人们正是通过口袋里的手机走进这扇心门的。通过大量的研究，我和同事们发现，那些处于承诺关系中的人（包括已婚人士），都是通过 Instagram 和 Whatsapp 等常见软件与自己的"备胎"进行交流的。这意味着，在网络中与我们的伴侣进行交往的人其实就在他们的通讯录中，隐藏在众目睽睽之下。如果你从未见过你的伴侣有过此类交流，也不一定意味着他们没有这样做过。网络中出轨者之间的交流往往是隐秘的[7]。

但这些网络上的出轨行为有时会产生巨大的成本。在寻找外部联系和刺激的过程中，已婚和有伴侣的人经常会错过家庭中既有的建立亲密关系的机会。他们选择了脸书上的短暂幻想，而不是与自己真正的伴侣去建立实打实的亲密关系。也许正因为如此，网恋有时也会导致关系解体。用离婚律师詹姆斯·塞克斯顿（James Sexton）的话说，任何使用脸书的人都是"白痴"，社交媒体"会搞乱你的头脑、你的心和你的关系"。[8]媒体同样支持塞克斯顿的警告，调查数据显示，有三分之一至五分之一的离婚被归咎于脸书和 Whatsapp 等社交媒体的干扰。

谈论"婚姻生存指南"时，我会尽量避免重复上一章涉及的问题。事实上，人们在约会中所面临的挑战，在试图维系婚姻的夫妻那里也会同样遇到。已婚人士知道他们身边还有许多"备胎"，经常被这些选择所包围，常有"乱花渐欲迷人眼"的感觉。也许正是因为他们已经长时间被"亲密饥荒"包围；也许是因为他们知道，一旦你选择走上那条"对的路"，就失去了在艳遇"竞技场"中"斗牛"的狂喜与刺激。

不牢固的联盟

要读懂婚姻生存指南，首先你得结婚。但你结婚的概率可能是几十年来最低的。联合国对全世界232个国家和地区的婚姻数据进行统计，建立了以年龄和性别划分的人口婚姻状况数据库[9]。该数据库包含了1950年至今的数据，而且随着调查范围的扩大，越来越多国家的数据被纳入其中。联合国在2016年的总结中指出，据世界231个国家和地区1970年至2014年的婚姻数据显示，过去几十年里世界范围内已婚人口数量一直在下降[10]。联合国将此归因于以下几个趋势。

第一，晚婚成为普遍趋势。从2000年到2014年，女性平均初婚年龄为23.4岁，男性为26.5岁，比1970—1999年的统计数据（女性为21.3岁，男性为24.3岁）推迟了两年，世界各地的统计数据都体现出这一趋势。第二，同居和其他类型的未婚结合关系正变得越来越普遍。尽管这一趋势曾在成年人中普遍存在，但现如今，同居在所有年龄组中都越来越流行，特别是在某些地区，如拉丁美洲和加勒比地区。第三，在几乎所有的年龄组中，已婚人数都比过去几十年要少。值得注意的是，全世界90%以上的人在50岁之前至少结过一次婚，但已婚人数已经下降，特别是在30岁以下的人群中。例如，在25至29岁的年龄组中，男性和女性的已婚比例都下降了10%（男性已婚比例从70%下降至60%，女性已婚比例从90%下降至80%）。第四，与前几十年相比，越来越多的人离婚、分居或丧偶。不过，这一趋势主要体现在女性身上，男性数据在这一方面并没有出现增长，这或许是因为女性结婚时更年轻，再婚频率也更高。

虽然低结婚率本身并不构成一个问题，但衍生出的问题是，不达标的生育率（即低生育意愿）已经成为近几十年来的主要问题，因为在许多工业化国家，儿童数量已经低于人口更替水平[11]。不达标的生育率并非简单地意味着不生孩子，事实上它反映出人的意愿和现实之间的脱节——这种状况有时也被称为"低成就"（underachievement）。这是一个不太敏感的术语，反映出的本质是相同的：一个人实际生育的孩子比他们想要的孩子少，或者可能根本就没有孩子。一项对78个国家育龄末期（44至48岁）的女性调查显示，生育率不达标的情况相当普遍[12]。在不同的国家，20%到50%的女性表示，她们实际生养的孩子比她们期望生育的数量少，10%到20%的女性希望再要一个孩子。这些数据比率在撒哈拉以南的非洲最高，在南亚最低。

人们一般会想要多少个孩子呢？世界各地的人们答案各有不同。在欧洲国家，最受欢迎的家庭结构是两个孩子[13]，在美国也是如此。1979年，美国全国青年纵向调查（US National Longitudinal Survey of Youth）数据显示，大多数接受调查的青少年表示他们至少想要两个或两个以上孩子（做此选择的男性比例为88.2%，女性比例为82.7%）。人们普遍渴望拥有孩子，这与皮尤研究中心最近的调查趋势相吻合：40岁以上女性的生育比率从1976年的90%下滑至2006年的80%，但在2016年回升至86%[14]。总体来说，人类确实保有传宗接代的意愿，也还在继续繁衍。

但生育率不达标的现象仍然存在。问题产生的原因可能有如下几种：生育能力问题（在美国有16%的已婚夫妇受此困扰，在发展中国家有此问题的已婚夫妇比例大概在四分之一），竞争性责任

（如事业、休闲或教育），以及大龄生育可能出现的社会问题与自身疾病[15]。在追求其他人生目标的过程中，部分女性将时间全部花在了生育上。晚婚被认为是造成这种情况的原因之一，但女性在教育和工作方面的参与程度改变也是影响因素之一。

结婚和生育并非亲密关系和幸福生活的必要条件。事实上，孩子会给夫妻之间带来巨大的困境，他们要学会驾驭多种角色（例如妻子和母亲、丈夫和父亲），努力维系心理和生理上的亲密关系，并在如何养育孩子的问题上做出妥协。孩子是否会对亲密关系产生积极的影响？关于这个话题的研究已经持续了几十年。根据2016年的研究，孩子是否带来幸福，至少在一定程度上取决于你所居住的国家[16]。在葡萄牙和瑞典这样的国家，政府会为家庭提供许多支持，如带薪育儿假和儿童保育补贴，做父母的人要比不做父母的人更幸福。然而，在其他国家，比如希腊、英国和美国，做父母的人认为不做父母其实更幸福。在22个工业化国家中，美国父母和无子女的人在幸福感方面的差异最大。与没有孩子的同龄人相比，美国父母是最不幸福的。

但与此同时，婚姻研究也经常指出婚姻的诸多好处，特别是对男性而言。结婚似乎是对抗孤独寂寞的保护伞，它能增强你对疾病的抵抗能力，延长你的寿命。这可能是由于更健康的人更有可能结婚，也可能与婚姻中存在的有益社会活动有关，比如伴侣之间的相互鼓励、健康的饮食和运动[17]。婚姻也为人们提供了最触手可及的陪伴——一个可以与你共度时光、共同成长、分享人生的人。婚姻为你的生活提供了一种见证，结婚的人往往比未婚的人更快乐、更健康、拥有更优越的经济条件[18]。然而，并非所有婚姻都是幸福的，50%的婚姻最终以离婚收场。对于有些没有离婚的人来说，幸福似乎也好景不长。

激情只是开始，却并非终点

社会科学中最可信的趋势模型之一是婚姻幸福感U形曲线。该曲线表明，婚姻幸福感会在婚后下降，之后随着人们退休年龄的临近而慢慢上升。但这仅仅是基于横向研究的数据，更复杂的分析并没有那么乐观。事实上，婚姻满意度的下降似乎贯穿了一段婚姻的始终[19]。它会在婚姻最初的几年里急剧下降，要么在接下来的50年里继续下降，要么在结婚20年后稳定在一个明显低于婚姻初期的水平。背后的原因何在？是幻想的破灭。

婚姻实在艰难。两个不同的个体试图融入彼此的生活，在试图应对角色转变所带来的挑战，以及长期关系中经常爆发的冲突时，总会有一个适应期。而且，夫妻二人不一定会一起成长。他们可能以不同的方式成长，更难达成一致，更难找到共同的兴趣和纽带。社会交换理论认为，人与人是否能建立并维持一段关系，取决于一个人在关系中获得的收益与付出的成本，这些变化可能会使"收支天平"偏离一方或双方的利益[20]。此外，就像拥抱带给你的心动感觉会越来越少一样，两人对彼此的熟悉程度也可能会影响婚姻。随着时间的推移，两人可能只把彼此视为理所当然的存在，在婚姻的初始阶段能带给彼此兴奋和刺激的行为，随着时间的推移慢慢失去了吸引力。

关于爱情的理论有很多，但我和多数研究人员最常参考的是美国著名心理学家、康奈尔大学人类发展学教授罗伯特·斯滕伯格（Robert Sternberg）提出的爱情三角理论（triangular conceptualization of love）。该理论界定了爱的构成要素，分别由三角形的三个顶点表示。

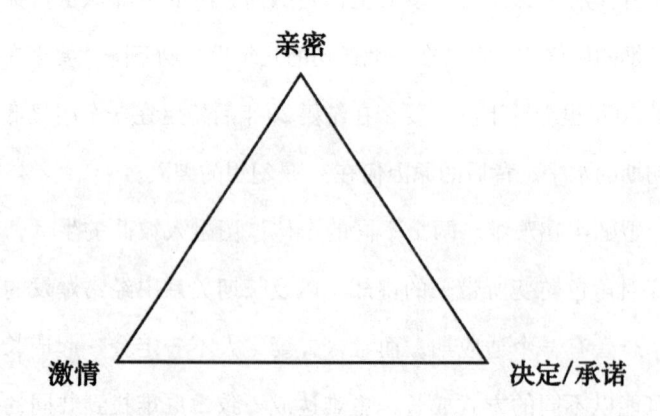

亲密

激情　　　　　　　　　　决定/承诺

根据斯滕伯格的说法，激情就像心中的一团火，能燃起双方对这段关系的爱慕与欲望。亲密是指彼此依恋、相互分享、相互感受，让彼此感知对方的温情。而决定/承诺由两部分组成，一是决定和对方相爱、结婚，二是承诺要和这个人相守一生。斯滕伯格指出，决定和承诺的两部分不一定同步，因为人们有时会决定结婚，但却没有长期承诺的意愿；也有一些人承诺了长期相守，但却并不相爱[21]。该理论还有一个重要特征，这也是许多持其他理论的学者所认同的——在激情的强度和伴侣的温情（或者说是亲密的爱意）之间存在一个明显的界限[22]。但在斯滕伯格看来，最理想的爱情是完美的爱（consummate love），即双方在这段关系中享有爱的全部构成要素。

人有多大概率能拥有完美爱情？这与夫妻对彼此的满意度有何关联？想让爱的三个构成要素权重完全平衡可能很困难。斯滕伯格认为，激情的权重在一段关系的初始阶段会迅速达到峰值，而后会随着时间的推移逐渐消退，甚至有可能迅速下降[23]。当人们选择继续这段关系时，承诺的权重往往会增加。同时，亲密的权重具有非线性特征。起初，亲密的权重会逐渐增加，但比激情增加得慢，而后又会随着时间的推移逐渐减少。

构成爱情的三要素会如何随时间变化，学者们众说纷纭。但2020年的一项涉及25国7000余名参与者的调研结果显示，激情的权重在婚姻存续时间最短的夫妻中占比最高,而承诺的权重在那些相处时间更长的伴侣中占比最高[24]。与此同时,无论是结婚1年以下的夫妻,还是婚姻存续时间在21年以上的伴侣都普遍认为,婚姻关系中激情的权重要比亲密和承诺少得多。看来激情不仅会减弱,而且会受到婚姻关系的影响,也许只有在开始时例外。

但激情在恋爱关系中很重要。它与夫妻对彼此的满意度有关,同时也是人们在一段潜在的恋爱关系中追寻的东西[25]。激情也有助于拥有积极健康的性生活。这样看来,在一段爱情关系中性生活的频率下降似乎也就不奇怪了。最近的一项研究对来自美国中西部的72对新婚夫妇进行了为期四年的跟踪调查[26]。起初,他们称每月有大约9次性生活,但在四年之后,每月的性生活次数只有不到6次。这相当于在短短的四年中,他们的性生活减少了33%以上,而这些人还是新婚夫妻。当然,并不是说所有夫妻的性生活频次都在下降。2019年一项涉及挪威92对年轻成年夫妻的调研显示,当妻子具有更开放的社会性关系取向(sociosexual orientation,即对随意性行为和性欲的态度)时,性生活往往会更积极[27]。妻子的社会性关系取向比丈夫的重要,因为在异性恋夫妻中,一般是女性决定性生活的频率[28]。

这项研究的时间跨度是4年,那么10年之后呢?接下来的50年呢?不幸的是,性生活的频率在中年以后也会急剧下降。表2

的研究用到了两个美国国家数据集，涉及的研究对象年龄在44岁到72岁之间。研究表明，人一生中性生活的频率始终在下降[29]。步入老年后，57岁以上的人称每周性生活频次少于一次。分析样本中的大多数人是已婚状态，但未婚者的性生活频率最低，其中许多人在老年时根本没有性生活。

表2

	男性		女性	
	44－59 周岁	57－72 周岁	44－59 周岁	57－72 周岁
性爱频率（每月）	6.18	3.13	4.68	1.74
性活跃度（Sexually active）%	87.8	72.0	71.9	45.5

注：数据检索自 Amelia Karraker, John DeLamater, and Christine R. Schwartz, "Sexual Frequency Decline from Midlife to Later Life," *Journals of Gerontology: Series B 66B*, no. 4 (July 2011): 502－512, doi:10.1093/geronb/gbr058。

激情冉退，性生活在衰减，承诺却在婚姻关系中占据越来越重要的位置。但是，许多故事依然逃不过曲终人散的结局。婚姻散场时，我总会讶异于人们的一个看法："我还爱他，但我和他已经不再相爱了。"我猜他们想表达的意思是，他们仍能感受到彼此之间高度的亲密感，但什么是"相爱"？ 我常常想，"相爱"是否只依赖于激情的热度？ 也许当人们说他们不再相爱时，本意是那种最初的性吸引力、欲望和陶醉感已经消失了。

恋爱初期的紧张与悸动当然会消逝。在一段关系的初始阶段，这种感觉可能代表着不安。研究表明，人们有时会把焦虑感误认为是兴奋的感觉。事实上，加拿大心理学家唐纳德·达顿（Donald Dutton）和阿瑟·阿隆（Arthur Aron）的一项著名研究很好地解释了这种现象。实验中，一组男人站在摇摇晃晃的高桥上，另一组则站在低矮而稳固的桥上，会有一位女性分别与两组男人搭讪[30]。相比于站在稳固矮桥上的男人，站在摇晃的高桥上的男人更有可能在聊天时引入一些与性有关的内容，也更有可能给那位女性打电话。不过，当实验中的性别对调，男性分别走向处于以上两种情境下的女性时，两组女性的行为没有明显差异。按照研究者的说法，站在摇晃的桥上所激发的肾上腺素会误转化为性唤起（sexual arousal）。这可能就是为什么电视节目《单身汉》（*The Bachelor*）① 的约会有时会安排一些很可怕的极限运动。人可能误将焦虑当成兴奋，制片人实际上是在为参与者在空中蹦极时的亲热环节预热。

那么，初吻的刺激有多强烈呢？当你的身体被一个新的、有吸引力的人触碰时，你会不会浑身颤抖？这些反应可能是因为新奇感，刺激到了前文提及的满载着多巴胺的奖励途径。这是一种强烈的愉悦感，会产生眩晕、陶醉的感觉。但随着时间的推移，当

---

① 美国广播公司（ABC）制作的一档热门相亲真人秀，至今已播出 7 季。

你习惯了自己的伴侣和他们的触碰，兴奋感就会消失，慢慢被稳定的承诺所取代。也许这就是随着时间推移，夫妻间的性爱频率及满意度明显下降的原因[31]。承诺取代了激情。在一段关系中保持兴趣和激情的方法之一，或许是认识到兴奋感与快感是在什么时候发生改变的，然后在行为上做出相应改变，而不是去思考"我已经不爱了"。记住，性是一种行为，并非一种感觉。但是，当人们对伴侣失去"性趣"和性吸引力、完全中止了性生活时，往往也意味着爱情关系的结束。这也与一个更大的问题有关：许多夫妻甚至不在同一时间上床就寝。

和我一起入睡吧，否则你将永远失去我

同床共枕的时刻对大多数夫妻来说都是非常重要的。这是放松、解压、一起休闲的时间，基本上不受生活中其他需求的影响（比如孩子、工作和家庭）。事实上，这可能是一天中唯一能让夫妻真正独处的时间。也许正因为如此，在睡前的例行活动中，夫妻们经常分享亲密的时刻，包括身体上和情感上的，情感上的亲密对话可以帮助他们强化对夫妻身份的认同[32]。假如夫妻不再分享这些情感上和身体上的亲密时刻，会发生什么？假如他们的睡前习惯不同步、不相匹配了呢？会不会演变为"未实现的亲密关系"

(unrealized intimacy)？这与夫妻间的满意度有关联吗？

这是我和合作者麦克丹尼尔在最新研究中着手回答的一个问题[33]。我们询问了289名生活在美国、与伴侣共同居住的人（平均同居时间为9.67年），请他们描述自己典型的睡前习惯。我们鼓励他们尽可能详细地描述他们在哪里、在有伴侣和没有伴侣的情况下都会做什么。每个人的答案都完全不同。有的人表示，他们的日常习惯是花时间和配偶在一起做亲密的事：

> 通常我们会先刷牙，但不一定是一起刷牙。之后躺在床上，刷手机打发时间，闲聊几句，拥抱一下，随便聊点什么，直到两个人都准备好关灯睡觉。我们会依偎在一起，翻身，直到入睡。【受访者1】

但也有许多人表示，他们在睡前很少和配偶在一起，有的人身边甚至根本不会有配偶陪伴：

> 我们住在同一所房子里，他看体育比赛，看电影，有时我们也会一起看电影。我在沙发上睡着了，他就去卧室上网，然后睡觉。【受访者2】

她比我入睡的时间早很多,等我上床时她已经睡着了。【受访者3】

她一般会先洗个澡,看电视,然后直接上床睡觉。我们不接吻,不做爱。【受访者4】

为了测验出到底有哪些睡前未实现的亲密关系,我们又要求伴侣们说出他们理想的睡前活动,并要求他们尽可能详细地描述。以上4位受访者的回答与他们的日常生活有很大不同。

我们应该待在一起,享受放松的休闲时光。在一起刷牙、一起解决其他夜间事务后,我们会在同一时间躺到床上。我们会在床上一起祈祷,握住彼此的手。然后相互微笑,享受一些安谧的时光,放松一下。之后,我们会紧紧拥抱对方,谈论生活中的目标和梦想,只是一起享受这一刻,然后入睡。【受访者1】

躺在床上,听着音乐,依偎着闲聊几句,然后入睡。【受访者2】

晚上十一点半前就一起躺在床上,聊一会儿,也许读一会

儿书。依偎一下，我是个感情外露的人。然后入睡。【受访者3】

我们会聊天，看电影，可能会喝点红酒，然后缠绵一会儿。【受访者4】

理想与现实的反差是惊人的。人们描述的理想睡前活动与实际存在巨大的差异，超过半数的人（59%）表示，他们通常会与伴侣在同一时间就寝。而在未实现的亲密关系方面，27%的人表示，他们希望能与配偶一起入睡，但这情况并不常见。他们也错过了身体与情感上的亲密关系。超过四分之一（27%）的人表示希望有身体上的亲密关系（从牵手到做爱），但这在他们目前的日常生活中并不常见；五分之一（20%）的人表示希望建立某种情感上的亲密关系，而这也没有出现在他们目前的生活中。如果我们从这些数字推及整个美国人口（2020年有超过6200万对夫妇），这意味着数百万对夫妇每晚独自入睡，缺少他们所渴望的身体上和情感上的亲密关系。

当然，我们想回答的最重要的问题是，这些睡前活动是否与参与者对婚姻关系和生活的满意度相关。答案是肯定的。仅仅是和爱人一同入睡，就有很高的睡前满意度；拥有情感上的亲密时刻，比如谈论彼此的一天、一起看电视，也是如此。反过来，睡前满意度的提高也会提高性生活、婚姻关系甚至生活的满意度。当人们在理想的身体亲密关系和现实的睡前生活之间产生落差时，未实现的亲密关系就会对睡前满意度产生负面影响。

现在，让我们根据我在序言中提到的乔治·罗文斯坦的研究来考量这些发现[34]。在该研究中，被要求增加性行为次数的伴侣并没有体验到幸福感的增加。而且实际情况恰恰相反。与对照组相比，这使他们的情绪变得更糟，对伴侣的渴望减少。当然，也许研究人员针对的是错误的样本，也许我们需要找到那些在目前的关系中不快乐的人。更具体地说，我们需要找到那些因为性欲差异而不快乐的人[35]。

是什么让激情耗尽

在个人层面，当一个人的性生活频率或强度与他们想要的性生活不一致时，就会出现性欲差异（sexual desire discrepancy）。在夫妻之间，当一方想要的性生活比另一方更频繁，或性欲处于不同水平时，就会出现这种情形。夫妻间的性欲差异已成为一个重大问题，在2020年，由葡萄牙、荷兰、意大利和克罗地亚的心理学家组成的欧洲性医学会（European Society for Sexual Medicine）就这一主题发表了一份声明[36]，希望从临床上和实际经验上解决这一问题带来的局限，并提供一份专家声明来指导未来的干预措施。

这份声明的主要立场之一，是要解决性欲差异问题，人们应把注意力集中在夫妻双方而非某一个人身上。尽管性欲在荷尔蒙和神经递质活动方面有生物学基础，但性行为的唤起和对伴侣挑逗的反应都与生物学关系不大，却在很大程度上与夫妻关系有关[37]。根据欧洲性医学会的说法，性欲通常被定义为一种个人特质，人们的性欲水平被分为高低两种，但这么说是有问题的。首先，如果一个人被归类为性欲低下者，这种状态往往被认为是"病态"，尤其是在恋爱中需要做出性回应时；其次，依据研究结论，即性欲差异是双方的问题，如果将夫妻中的一个人归类为性欲低下者，那就会忽略可能影响性反应的各种互动；最后，也是欧洲性医学会没有涉及的一点是，女性的性功能障碍和性欲低下常被强调为导致夫妻性生活下降的罪魁祸首。

在异性恋中，女性通常被认为是性爱"守门人"，但这并不完全正确。当然，男性一般会更频繁地主动发起性行为，然而如果主动发起性行为是受控的，男性和女性在拒绝性行为的频率方面实际上并无差异[38]。所以，"守门人"这个措辞并不恰当。在一段关系中，男性往往想主动发起性行为的次数更多，在少数情况下，这可能会造成疼痛或不适。部分处于绝经前期的女性（21%至28%）有性功能障碍，与润滑、高潮和疼痛等问题有关[39]。但此类人群中，约四分之三的人并不存在性功能障碍。那为什么男性和女性会在性欲方面存在巨大的差异呢？很多研究表明，男性的性欲通常比女性更强；他们经常想到性、想要做爱，并有更强烈的性幻想[40]。男性因性欲低下导致痛苦的可能性也要小得多；大约30％的女性有低性欲障碍，而存在此类问题的男性只有15％[41]。在某种程度上，这可归因于男性具有更高的睾酮水平，因而比女性表现出更强烈的性欲。这种差异在夫妻之间体现得很明显。

这涉及美国心理学家詹姆斯·麦克纳蒂（James McNulty）团队在2019年的研究成果。在两项研究中，他们对俄亥俄州和田纳西州的成年新婚夫妇进行了约四年的跟踪调研，目的是观察随时间推移，研究对象的性欲会发生怎样的变化，比如通过"我喜欢想象与配偶做爱的场景"这样的问题来衡量这一变化，以及性欲变化与婚姻满意度的关系。最初，丈夫和妻子对他们性欲的评价都高于量表的中位水平。与男性通常比女性拥有更高的性欲水平这一结论相一致的是，即使在关系的初始阶段，丈夫对其配偶的性欲评价也高于妻子。然而，这并非最值得关注的发现。丈夫的性欲在第一年到第四年中保持相对较高的稳定状态；妻子对丈夫的性欲则明显而迅速地减少，甚至在结婚第一年就开始下降。简单地说，丈夫依旧希望与他们的妻子做爱，但随着时间的推移，妻子却越来越不希望与丈夫做爱。当妻子的性欲减弱时，对双方关系的满意度也产生了负面影响。

　　研究人员想探究导致女性性欲下降的原因，其中一项因素是分娩。在参与调查的四年时间中，许多夫妻都有了孩子，而生育确实导致了妻子性欲下降。研究人员认为，也许生孩子会增加生活压力，这种压力可能会抑制性欲。任何照顾了一整天孩子、晚上精疲力竭地上床睡觉、衣服上沾满食物污渍的人可能都会同意这一点。这确实是影响因素之一。但同为父母，这为什么没有对丈夫和妻子造成同样的影响呢？研究人员称，这种压力对女性来说更为明显，因为她们通常比男性承担了更多养育孩子的重担。此外，研究人员指出，丈夫和妻子在性欲下降方面的差异可能与繁殖策略的性别差异有关。女性比男性要付出更大的育儿投入，包括妊娠期、实际分娩和哺乳。一旦怀孕，她们可能不会关注未来的其他生育可能。而从进化的角度来看，男性的育儿投入水平较低，他们会尽可能保持性生活来提高自身的健康水平。

　　但是育儿因素并不是女性性欲下降的全部原因。即使在没有孩子的夫妻中，妻子也表示，她们对丈夫的性欲有所下降。根据研究人员的说法，这可能与配偶吸引策略有关。性生活有许多功能，包括使配偶关系更紧密[42]。当女性在受孕期之外发生性行为时，或许是出于与伴侣紧密结合的渴望[43]。而当女性意识到自己在伴侣身上的投入是可靠的之后，比如在婚姻维系了一段时间之后，她们的性欲就会下降。但不幸的是，一旦妻子获得了丈夫的承诺，丈夫会对这段关系变得更加投入，而这却很有可能会抑制妻子对丈夫的激情。这样看来，时间似乎是女人欲望的敌人。

一条毯子是如何影响亲密关系的

实际上，时间并非欲望的敌人，熟悉感才是。回想一下你目前或最近的一段恋爱关系是如何开始的。来吧，花一小会儿你的宝贵时间，来回想一下热辣而新鲜的性爱"初体验"。再想想你现在的性生活。方式可能没有什么变化，但随着你和伴侣更深入地了解对方的身体，更自如地表达欲望，一起尝试一些"冒险之旅"，你们的"甜蜜时光"可能已经更加默契、更加和谐。然而，当伴侣轻抚你的身体，你可能不会有"初体验"时那样的感觉了。有什么变化呢？

你很可能已经被伴侣抚摸了成百上千次。就像习惯会减少我们对其他刺激的反应一样（比如闪烁的灯光或电视上的暴力），习惯也可能减少我们对性刺激的反应，成为我们渴望新伴侣的原因。柯立芝效应（Coolidge effect）认为，与伴侣发生性关系后，对新的伴侣重新产生"性趣"，部分原因是习惯。尽管这主要是针对男性进行的研究，但也被证明与女性的性行为有关，它被归结于新鲜事物对富含多巴胺的中枢神经通路的影响[44]。新鲜感激发了欲望和强烈的美好感受。一旦这种新奇感消失，一个人习惯了他／她的性伴侣，就需要更多的刺激来获得同样的反应，甚至需要一个新的伴侣。

我认识一位20多岁的女孩阿什利。她有个习惯，当沙发上的毯子没有被叠好、搭放在扶手上时，她就不想和她的前任有任何"亲密接触"。她说，这会让她完全失去兴致。对于那些不在乎仔细叠毯子的人来说，阿什利的要求似乎有些吹毛求疵。但毯子只是一个象征。阿什利说，在和前任的相处过程中，她并没有要求他承担多少家务，唯一的要求就是"当我结束了一天的工作，回到家后，毯子要叠好搭在沙发上"。随意丢在沙发上的毯子象征着伴侣无视她的感受，这使她的心情变糟，性欲也就随之减退。由此可见，性欲和性吸引力其实并不完全与生物学有关，它们会被外部因素左右。

阿什利和前任在一起十年，三年前选择离婚。导致离婚的主要原因之一是不正常的性生活。但就像那条毯子的故事一样，更主要的原因其实是不正常的沟通。这使得熟悉也成了吸引力的敌人。吸引力和性欲是交配特征三要素中的两种（另外一种是依恋，或对亲密接触的渴望）[45]。随着时间的推移，两人有了更多共同经历，吸引力可能会增强，也可能会消退。这会受到多种因素的影响，包括彼此在身体上的吸引力，以及两人的相处方式。

性吸引力并非凭空产生。任何吸引都是被生活中的其他互动所激发、所熄灭的。想象一下，当你正和伴侣争吵，或对工作和育儿问题感到压力，你会对伴侣产生多大的吸引力？心理上的分心会使我们远离对浪漫关系和性的追求，而转向占据头脑空间的其他问题。其中一些干扰因素——比如那条沙发上的毛毯——看起来可能是相当微不足道的。但对阿什利来说，这个问题不仅至关重要，而且象征着这段关系中更大、更深层的问题。令人欣慰的是，阿什利现在有了一段新的关系。她很开心，他们的性生活也很和谐，最主要的是，沙发上的毛毯总是被叠得整整齐齐。

婚姻幸福没有秘方可寻。让婚姻存续的秘诀在于核心价值观的兼容、兴趣相投以及有效的沟通。当核心价值观和兴趣不一致、沟通不畅时，寻求疏导可能会有帮助。但如果一个人已经关上了自己的心门，切断了一切联系，那么恢复这段关系几乎是不可能的。在这种情况下，一些夫妻可能会放弃这段婚姻，与其他人重新开始，而不是试图解决这个问题。

兜了一圈，我们又绕回来了。当人们在一段关系中感到不愉快时，通常可以选择结束这段关系。但有时他们不会这么做，而是选择用其他东西来填补空虚，比如在身边留个"备胎"、出轨，或者（或同时）转向用情趣产品来填补他们的需求。虽然不能说性是推动科技产业发展的唯一力量，但保守估计，大约10％的互联网流量来源于此[46]。此外，一支由人工智能驱动、会说话的机器人大军正在推动整个机器人领域的尖端动画技术向前发展，这些机器人甚至拥有栩栩如生的身体、皮肤和体温。[47]展望未来，成人行业有着宏伟的目标[48]。如果未来的某一天，机器人接管了人类世界，我想它们可能会首先征服欲望世界。

对于我们这些普通人来说，技术也在重塑我们对性文化的看法，成为一个新的释放途径，为人们提供了渴望已久的新奇感，而无须任何承诺或投入——毕竟承诺和投入有时会削弱欲望。

我想我不是唯一一个每天都过着一成不变的生活的人。全世界有数以百万计的人正以一成不变的节奏，按部就班地经营着自己的婚姻和家庭。对其中一些人来说，这种感觉是光荣的，忠诚为完美爱情提供了坚实的生活基础；而对另一些人来说，这样的生活实在乏善可陈，生活的视野只剩下一个小孔，日子过得飞快，却了无新意；而对于那些生活节奏已经完全被欲望差异、未实现的亲密关系、不快乐的婚姻所淹没的人来说，生活是无比沉重的，也许生活中一丝一毫的新奇诱惑，都足以让他们重拾那种回到"爱情竞技场"，与公牛搏斗的血脉偾张感。

婚姻生存指南

喝一杯吗，面对"难逃单调"的婚姻

生存技巧32 婚姻和家庭生活不一定充满了新奇的体验。你们可能在熟悉的节奏中前进，这对一些人来说可能很舒适，但对另一些人来说却很压抑。关键是要弄清楚你的感受。更重要的是，你的配偶拥有的是哪种体验。我们不一定都要像斗牛士那样生活，但给生活注入一些新鲜感和兴奋体验是很有帮助的。这些时刻不会被你无意间发现，而需要你去创造。如果你能和配偶一起创造新鲜感（而不是让新鲜感与你们渐行渐远），你就不可能发现，你的配偶正在某个地下室里进行秘密拳击比赛，或在大口大口地喝酒宣泄。

人生苦短，"春光"无限

生存技巧33 出轨有很多种形式。可能是实际的性行为，也可能是给别人发送暧昧短信，或与现任之外有吸引力的人保持亲

密联系。这些网上的暧昧关系往往比实际的线下偷情更容易寻找、维系和隐瞒，这也在一定程度上解释了这种背叛为何越来越普遍。虽然大多数人认为情感上的亲密关系和暧昧短信也算出轨，但每个人的尺度不同。因此，请尽早和你的伴侣讨论界定"什么是出轨"。如果你们的看法不一致，要达成认同，或者干脆找一个立场一致的伴侣。

不牢固的联盟

生存技巧34 你可能只需要一天时间，就能从一个没有孩子的未婚成年人身上，感受到大多数文化环境下，人们对婚姻这一人生里程碑事件的重视。人们往往会承受父母和整个社会文化的强大压力，被要求结婚生子。然而，许多人正在推迟这两件事，甚至完全回避它们。虽然婚姻似乎提供了好处，特别是对男性而言，但生孩子和结婚也给一对夫妇带来了巨大的压力。你不一定要结婚生子才能拥有幸福生活。不要理会那些宣传，做你认为正确的事。

激情只是开始，却并非终点

生存技巧35 我们对"爱"这一概念的微妙转变，可能会对婚姻的幸福感产生很大影响。更具体地说，人们需要把激情看作婚姻的开端而非终点，阻止自己美化爱情的开端，以下标志才是长久爱情关系的里程碑："我很高兴自己在面对爱人时不再感到紧张、胃里不再翻江倒海，这一定意味着我对他/她产生了真实的信任，并能轻松自然地与他/她相处了"。一旦达到了这个目标，你就赢了。不要再认为自己失去了什么。你失去的只是激情，激情似火，也容易把人灼伤。

和我一起入睡吧，否则你将永远失去我

生存技巧36 如果你只想从本书中接受一条建议，那就考虑这条吧：和你的伴侣同步睡前生活吧。当然，这可能意味着你们中的某一个人或两个人都要做出巨大牺牲。也许这意味着通常习惯较早入睡的人不得不忍受电视或笔记本电脑再开一段时间，或者较晚入睡的人不得不在下班回家后几个小时内就躺到床上。不过，这是值得的。仅仅是这种简单的修复就能增加你们作为夫妻的幸福感。同床共枕也会促使你们进行其他增进情感的活动，比如聊天或者做爱。如果你不想与伴侣交谈或发生性关系，那你可能需要去咨询专业人士，或者寻找新的伴侣。

是什么让激情耗尽

生存技巧37 很多夫妻都存在性欲差异。这主要是因为女性

受到各种因素的影响——比如养育子女，她们对伴侣的性欲会随着时间的推移而减弱。但其实人们可以在没有性欲甚至没有性吸引力的情况下尝试做爱。欲望可以减弱，甚至消失，但性生活不一定非要有这种感觉才能进行。这是一种选择，而非一种感觉。

一条毯子是如何影响亲密关系的

生存技巧38 不管你的伴侣是乔治·克鲁尼还是乔治·科斯坦萨，你的性欲都可能随着时间的推移而减弱。你可能已经失去兴致，而且由于习惯，同样的爱抚带给你的感觉也不再强烈。但是欲望和吸引力不仅仅是基于某人的长相，或者他们如何唤起你的感觉；吸引力也基于外部因素，比如你的伴侣能否为你做一些暖心的事，或尊重你的感受。吸引伴侣、找到"感觉"，可能就像叠几条毛毯一样简单。问问你的伴侣，什么事会让他们感到兴奋，什么事会让他们扫兴，然后做出相应的调整。

关于科技的附加建议

我认识的一位离婚律师现在正把电子产品的使用规则写进她的婚前和婚后协议。因为她知道这是个重要的问题。夫妻会因为对方使用手机的时间和方式而发生争执。当你选择浏览社交媒体而不是与伴侣共享"甜蜜时光"时,你的另一半会有被拒绝的感觉。有些人会用手机进行情感交流,与情人通信;有些人未经允许就翻看对方的手机。在结婚之前,你们应该先谈谈手机的使用规则。哪些可以被接受,哪些不可以? 不要等到问题出现时再讨论。那可能为时已晚。

第七章

老年生存指南

无数个碎片

说起我的外祖母,我最难忘的两件事都与土豆有关。

第一件事是在我20多岁的时候,我问起外祖母和外祖父的关系。在三个女儿成年后,他们离婚了,外祖父在我14岁那年去世。我不太了解他,只知道他是一位水彩画家,以画田园风光和中西部风景而闻名。小时候,我去过他和新任妻子的家。那是一个神奇的地方,我从没在任何一所房子中见过那样的景象:房子里有一条艺术画廊,全部由木头做成,有一架露天楼梯,采光很好,下面两层展示着外祖父的画,顶层是他的工作室,一扇滑动的玻璃门将工作室和卧室区域分隔开来。

妈妈告诉我,外祖父是个伟大的艺术家,但他并不是一个好丈夫。很长一段时间里，他离家去芝加哥做生意，传言说他有了外遇。也许他是为了这个更年轻的女人——他的新妻子，而离开了我的外祖母。我问外祖母她和外祖父之间的关系，是想听到更多细节，想深入了解她作为妻子和母亲的生活——那是我从未了解过的一面。但她只给我讲了一个简短的故事。

"你外祖父有点难相处。"

"在什么方面？"

"每当我做烤土豆时，他都会问'你洗土豆了吗？'"

"哦？"

"他每次都会问，"她继续说，"而我总是会回答'我当然洗了。'"

我等着她继续说下去。

她说："这让我非常生气。有一天，你知道我怎么想的吗？我想用肥皂来洗土豆！"

外祖母作为一个上世纪50年代的妻子，没有选择离开，也没有提出离婚；她同样没有告诉外祖父，他对一颗土豆的不断追问否定了她作为妻子所做的一切。外祖母一定背负着满腔幽怨，不仅是在烤土豆的时候，还有许许多多外祖父针对她的时刻。而她的复仇大计竟然只是用肥皂洗他的土豆。她可真是个圣人。

我对外祖母圣人身份的认同一直延续到下一个与土豆有关的故事。在她去世前的那五年，她出现了严重的健康问题。母亲、姨妈们和我赶到她在纽约的病床前。她的呼吸微弱,身体也很虚弱,但反应依旧机敏。姨妈们守在她的床边。我和妈妈赶到时,医生告诉我们,她的腿部有感染,没有生命危险,却似乎缺乏生存的意志。

然而,她却有吐露心声的意愿。

她觉得自己快不行了,开始向我们控诉这些年在疗养院遇到的无数问题。护工每天都会推着她到休息室参加一些娱乐活动,一位护工正在向一位"被俘的居民"读当地的报纸。报纸上没有什么激动人心的内容,只有当地的新闻,而外祖母对这些东西完全不感兴趣。尽管她一直是个酷爱读报的人,而且她的感觉和20年前一样敏锐。

"我们没有一个人来自这座小镇。他们给我们读报,只是为了让我们睡着。"她说。

"你睡着了吗?"我问。

"唉,我确实睡着了。"她抱怨着。

但这还不算是她眼中最大的冒犯。

"有时,当我要求吃药,护工们对我很不友好。有时我明知今天是星期三,他们却告诉我不是,害我错过了洗澡时间。还有一次,他们叫我们下去参加集体活动,活动内容竟然是削土豆。"

现在我意识到,外祖母的疗养院并不好。每年寄给我的那些建筑纸做成的雪人手工,其实也是在暗示我,她对那里的集体活动并不感兴趣。听到这个削土豆的故事，我真的想抱起病重的外祖母从疗养院逃出去。我希望她能愉快地度过在世的最后几年，不要那么沮丧。我想拯救她。

但我没有这样做。我当时觉得——现在仍然认为——自己没有能力以她需要的方式照顾她。我很爱她，但无法亲力亲为地照顾她。我的母亲和姨妈们亦然。当外祖母的身体变得脆弱，各项身体机能都在下降时，我们都没有能力提供她所需要的照顾和关怀。

那次探视之后，外祖母又活了三年。她待在同一个地方，默默地忍受着日复一日的读报，一次又一次错过淋浴时间。随着时间的推移，她曾经的敏锐光芒逐渐变得暗淡，直到2017年，她在那所组织老人们一起削土豆的疗养院里去世了。

回顾这段故事时，我有两个很明显的感觉。一是我现在终于理解了那个关于烤土豆的故事，这是20多岁的我所无法理解的。当时，我认为一段关系的破裂总是因为一个重大事件，而使两个人彻底分开，就像外祖父离开外祖母，去和他的新妻子开始新生活那样。但现在我意识到，一段关系的结束往往是由无数个破裂的碎片所导致的。外祖母讲的烤土豆事件，只是向我展示她那破碎婚姻的一个小碎片。那只是一个象征，她可以从无数碎片中挑选任何一块，只是她刚好选择了有土豆的这一块。故事本身并没什么重要的，她想要表达的是故事背后的伤感，其中所蕴含的，是这段被无数小伤口割裂的婚姻。

另一种感觉是恐惧。我的外祖母在疗养院里所经历的这一切，是我所能想象的、自己老去之后将要面对的最糟糕的情况。在生命的最后十年，她双目失明，孤身一人，饱受关节炎和关节断裂的侵扰。离世前的最后几年，她住在疗养院里，尽力用听觉来感受世界，而她周围的人——疗养院同住的老人和护工——却总在变化。她把大部分时间花在用磁带听书、参加一些幼稚的休闲活动上，还会被推到休息室，听护工读当地的报纸。我的姨妈和姨夫隔天下午就会去和她待上几个小时，但即使是这些琐事，对她来说有时也疲于应付。在生命的最后阶段，我想她更喜欢独处，在她黑暗的世界里，有一个舒缓的声音为她读故事，可以把她的思绪带到一个很远很远的地方。

所以你看，人并不总是因为一件大事而突然离开这个世界；相反，就像我的外祖母一样，人的生命往往会被割裂成无数个碎片，最终彻底消散。

胶原蛋白也救不了你

自己正一点点老去，我真正意识到人们为极力避免衰老这一"最坏的情形"创造了很多方法。我注意到周围的人——我的朋友和亲人——都把抵抗衰老的努力集中在三个方面：保持外表的美丽、保持行动力、预防疾病。我很理解人们选择这三方面背后的动机。首先，关于保持外表的美丽，巴斯（Buss）和大卫·施密特（David Schmitt）的研究表明，外形的吸引力是选择配偶最重要的因素之一，主流媒体向我们传递的信息就是美丽和年轻才是"王道"[1]。我们对所有美丽事物的痴迷甚至蔓延到工作中的薪酬差异。在不少职业中，容貌更有吸引力的人比其他同行赚得更多。经济学家将此称为"美丽津贴"（beauty premium）。虽然这种不平衡也可能是因为容貌有吸引力的人也具有其他品质（比如更聪明、更健康、性格更好），但这种不平衡现象也是不争的事实[2]。正因如此，抗衰老市场一直在蓬勃发展，在过去十年中稳步增长，到2027年预计产值将达832亿美元[3]。从抗皱美容霜到胶原蛋白丸，帮助我们"永葆青春"的制剂越来越受欢迎。

其次，保持行动力这一点也让我产生了深切共鸣，特别是在看到外祖母随着年龄增长日益虚弱、行动不便之后。虽然我们中很少有人能够保持像91岁的著名体操运动员约翰娜·夸斯（Johanna Quaas）那样的体格和灵活性，但我们大多数人都希望在年老时依然能行动自如、身体机能活跃，这能让我们在居住范围内获得最大程度的自由，也能更自主地分配自己的休闲时间。最后——尽管我最后提到这一点，但努力预防疾病似乎是最常见的抗衰老方式。

从低糖饮食到定期进行结肠镜检查，随着年龄的增长，我身边的人都选择了各种各样的方式来维持整体健康水平。

虽然购买美容面霜和接受激光治疗的人不一定会去参加瑜伽课程并定期进行健康体检，但从我有限的观察来看，这两类人群的重合度很高。根据美国疾病控制和预防中心（US Centers for Disease Control and Prevention，简称CDC）的说法，在那些一般健康行为也是有所重合的。在其对美国21岁以上人群的研究中，6.3%的人完全执行了全部五项预防疾病的健康行为（即不吸烟、定期锻炼、尽量少饮酒、身体指数正常、每晚至少有7小时睡眠），而另外24.3%的人几乎能完全做到其中的四项[4]。根据这一数据，我们可以粗略地估计，大约有三分之一的人都能践行大部分甚至所有维持健康的行为。那么哪些人最有可能践行全部五项健康行为呢？答案是65岁以上的人。

但这并不一定意味着随着年龄增长，我们会变得更健康。当然，65岁以上的人已经退休的概率较大，可能比年轻人有更多时间去做有益于健康的事。而且由于他们逐渐意识到生命短暂，预防疾病就成了一个更突出的问题。这还是一种阶段性的同辈效应①（cohort

---

① 同辈效应也叫群伙效应，指某个群体与其他不同年龄段的群体的差异是由这个群体成长时相似的文化背景、社会风俗、价值观、经历、受教育程度、生活习惯等影响造成的，而不是由真正的心智上的发展带来的。

effect)。也就是说,可能是由于这些老人所生活的年代,或他们这代人的某种特点,使他们始终生活得比其他代际的人更健康。如果这是真的,那么随着人口老龄化,这一统计数字将不再如此乐观。特别是像保持正常体重指数这样的指标,属于在美国疾病控制和预防中心的调查报告中最难做到的健康行为(只存在于32.5%的受访者中),我们更能从中直观地认识到代际差异的影响。例如,美国的一项研究表明,1975年出生的人25岁时的肥胖概率比1955年出生的人高30%,而2002年出生的人25岁时的肥胖概率比1976年出生的人高175%[5]。肥胖流行病正在对我们的寿命构成威胁。事实上,肥胖被认为是美国预期寿命在两个世纪以来首次下降的主要诱因之一[6]。

此外,老年人的健康习惯似乎也比其他年龄段的人更胜一筹,除了一个真正重要的习惯:社交参与。美国最近的一项调查显示,在所有65岁以上的人中,几乎有25%的人在社会上是孤立的;而在45岁以上的人中,有超过三分之一的人认为自己是孤独的[7]。社会排斥的情况普遍存在,比如独居、家人或朋友离世、患有慢性疾病,老年人往往是人口中最孤独、最容易被社交孤立的人。然而我必须要像美国疾病控制和预防中心那样,区分一下"孤独"(loneliness)和"社交孤立"(social isolation)的概念[8]。孤独是一种内在的感觉,不一定是对外部世界的反映。一个人可能一直是孤独的,但他本人并不"感到"孤独;而另一个人可能一直有人相伴,却仍然"感到"孤独。孤独是主观的感受。

而社交孤立则是指缺少社会联系,是一种衡量生活环境的客观标准。还记得我在第四章谈到的社会网络指数吗?它有个简化版本,被称作卢本社会网络量表(Lubben Social Network Scale),可以用来衡量老年人是否处于社交孤立状态[9]。这一量表只包含六个问题:询问受访者每月至少见到几位亲人,或是收到几位亲人的讯息,他们能与几位亲人谈论私人话题,在他们需要帮助时有几位亲人可以联系;另外三个问题是将以上三个问题中的亲人改为朋友。受访者的答案会按一定比例换算为得分,总分在12分及以下则表示其正处于社交孤立状态。因此,重要的是实际意义上的联系人个数和联系人的多元性,显然是越多越好,越少越糟。

对于50岁以上的人来说,社交孤立是严重的健康威胁,在增加死亡风险方面与肥胖症和吸烟相当[10],甚至与痴呆症、心脏病和中风发病率的增加有关。孤独——那种主观的感觉——则与抑郁症、焦虑症和自杀的高发率有关[11]。我现在将第二次断言,社交孤立真的会折寿,甚至置你于死地。但它是如何置你于死地的,这又是为什么呢?

进入缓冲区

这是密歇根大学社会学教授詹姆斯·豪斯（James House）提出的问题[12]。显然，与人相处颇有好处，原因有很多：首先，孤独可能会激发生理反应，给身体造成压力，随着时间的推移，会对人的健康状态产生负面影响。那些喜欢独自一人洗澡、看书、品酒的人来说这可能是反常的。但试着想象一下，当原本只是轻松片刻的独处时光被无限放大、延伸，成为你度过大部分生命的方式；想象你已经垂垂老矣，和我外祖母一样目不能视，需要他人的协助才能洗澡，也不能喝酒——因为如果药物与酒产生反应，后果是致命的。有了这些限制，独处的时光是否还能让你快乐？

与他人共处有助于缓解日常生活中的压力，或在极度紧张的事件中缓解生理上的应激反应。对物理学的兴趣让我与该理论产生了共鸣。汽车有车前防撞缓冲区，也叫碰撞缓冲区。这是一种专为吸收撞击力而设计的安全功能，在车辆发生正面碰撞时，为车内的人提供更多的时间和空间。身边那些对你有实际意义的人就是你的"碰撞缓冲区"。越是极度艰难的时期，你越需要缓冲。这就是为什么当你发生不幸时，真正的朋友会在第一时间冲到你身边。日常生活虽然不可能每天都发生不幸事件，但也时常让我们失望，日积月累的失望使我们越发疲惫。与家人、朋友出去吃饭、看场比赛或去酒吧喝上一杯，这样的时刻就是属于你的"缓冲区"，它们在你和日常生活的压力之间创造了空间和时间。

豪斯的研究还阐述了社交互动有益于长寿的另外两个原因，它们都与积极的支持有关。那些重要的人不仅为我们提供有形的支持，也是潜在的社交压力源。他们可能会鼓励我们吃得更健康，锻炼身体，督促我们对自己的生命负责，比如生病时要吃药，还会阻止那些有害的行为，如过度饮酒和滥用药物。他们的人际关系也有助于我们获取更多维持健康的资源，比如工作和医疗转诊。行文至此，我想到了朋友朱莉，她每周六都邀请我去做热瑜伽，尽管四次里我可能会拒绝三次。每当我需要穿上小码礼服，穿0码的她愿意和我一起戒掉碳水；当我有关于孩子教育的问题时，她也会咨询她的学校顾问。她一直陪伴着我、激励着我、推动着我前进。并不是人人都有像朱莉这样的朋友和家人，能提供这样的积极社会支持，但即便没有，有一些低标准的支持似乎也比什么都没有好。

这又让我想起了外祖母。早在进入疗养院之前，她就与第二任丈夫沃尔特离婚了。我对他的印象也不深，只记得他收集硬币，喜欢阅读《国家地理杂志》。每次我们去看外祖母，他总是待在地下室里不出来。外祖母告诉我她要离婚时，她已经70多岁了，而且几乎完全失明,由此我感受到了这个决定的分量。此前,沃尔特一直是她与外部世界的联系。他买菜,打扫房子,每天开车送她去老人中心——她是这里的午餐服务志愿者,每天用餐巾将刀叉餐具卷好(这是她视力受损后唯一能做的工作)。尽管如此,她还是离开了沃尔特,宁愿选择与世隔绝的生活,也不愿与他多待一分钟。于是她的生活里只有疗养院的护工和同住的老人,许多老人都已不能走路,或是患有痴呆症。她并不能与这些人建立稳定的关系。疗养院的护理人员年平均流动率为59%——疗养院的质量越低,流动率越高[13]。疗养院中老人的死亡率非常高,这其实并不意外。一项近期对挪威疗养院老人的研究表明,每年约有三分之一的人在这里死亡,参与研究的老人们在疗养院生存时长的中位数是2.2年,这与其他国家报告的2.1至2.6年时长相当[14]。由此可见,我的外祖母在93岁时去世,几乎比她认识的所有人都要长寿了。

我说这些是为了强调一个简单的事实:当你想到变老时,可能会想到孩子们都已搬走,不经常来探望;想到不得不应对朋友和家人的离世;甚至要面对疾病。但很少有人会想到,老去意味着每天都要面临"失去"的痛苦:失去熟悉的人,失去自由,失去生存的能力。在生命的最后阶段,外祖母在孤独的同时,也清楚地意识到:她脆弱的世界正裂成一块块碎片,扑簌簌地掉落。

无论疾病还是健康

我不知道外祖母为什么选择离开沃尔特。我有时会想，她的失明是否给本已紧张的婚姻关系带来了额外的压力。疾病和身体机能损伤会对夫妻关系造成极大的破坏。生活中出现的许多问题，对夫妻来说可以是挑战，也可以是成长的机会。财务压力、不忠行为、重大问题上的分歧——夫妻双方可以克服这些问题，从而缔结更加牢固的婚姻关系。然而，其中一方患病的压力往往是毁灭性的。也许这是因为健康的伴侣不得不承担额外的劳动或提供额外的情感支持来维持生活，而这真的很消耗人。还有一种可能，是因为患病的伴侣在某些方面发生了变化，使这段关系的驱动力发生了改变。

当一个人面临重大健康危机，或被诊断出患有慢性疾病时，局面可能会非常糟糕。某一天，他们还只是走在街上的人，但从医院出来的那一刻起，他们的身份就变成了病人。他们不再是简单的宝拉、瑞恩和露西；现在他们的名字后可能要加上一些后缀：宝拉，类风湿性关节炎患者；瑞恩，帕金森病患者；露西，正在接受乳腺癌治疗。诊断过程可能需要一段时间，一旦确诊，消息就会在瞬间传递。癌症、糖尿病、痴呆症或多发性硬化症——开始时可能是一些令人烦恼的症状，确诊后立即转变为一个可能威胁生命的疾病，漫长的治疗开始了，前提是他们还有生存的机会。

一旦确诊患有某种疾病，人们会表现出不同的情绪。一些人选择接受现实，试图立即尽可能地适应这个新的人生阶段——被医生和住院包围的生活。另一部分人的生活则要艰难得多。他们可能成为信息成瘾者，痴迷于阅读所能找到的关于该疾病治疗和预后的一切信息；可能会焦虑和抑郁，因为在很多情况下，慢性病和抑郁症之间存在着密切的关系。例如，在心脏病发作的人中，40%至65%的人有抑郁症，在被诊断为糖尿病的人中，25%的人有抑郁症[15]。正如所预料的那样，抑郁症的发生率似乎与疾病的严重程度和疾病对病人生活的干扰程度呈正相关。

因此，即使疾病没有使一个人因行动受限或其他类型的功能障碍而在社会上被孤立，但因应对疾病而产生的相关情绪也可能迫使他们退出家庭或切断其他社会关系。在这个比以往更需要亲密关系的阶段，他们却特别难以接近。还有些病人可能在不同情绪状态中来回转换，包括内疚和悲伤。当人们被诊断出患有慢性疾病或绝症时，震惊、接受和绝望——所有这些都是一个人知道自己的生命快要终结时所能产生的情绪反应——可能会在意想不到的时刻出现。所有这些反应都是正常的。

你看，面对重大疾病和健康危机时，并没有一个统一的应对方式。人们对不同的疾病有截然不同的反应，但即使是同样的诊断，不同人的反应也大不相同。然而，从对健康有益的角度看，有些反应是颇有助益的。在一项开创性的研究中，加拿大的研究人员对被诊断为乳腺癌的女性进行了跟踪调研，研究她们在制订治疗计划时的应对措施与三年后的心理调整有何关系[16]。研究发现，那些对疾病逆来顺受或回避患病事实、并在治疗进程中表现出抑郁迹象的人，三年后的心理状况明显恶化。值得注意的是，相较于抑郁程度，认命、失控和绝望情绪能准确地预测这些女性此后的心理状态。由此看来，希望是应对问题的首要对策。

能帮助人们应对疾病的另一种"武器"是——朋友。我有一位童年好友，也是一位乳腺癌幸存者。在过去几十年里，随着国家工业化水平的提升，乳腺癌发病率一直在以惊人的速度增长。在美国，约每8个女性中就有一个（12%）会患上乳腺癌[17]。去年，在我朋友最后一个阶段的化疗中，许多朋友一直陪伴着她度过每一次治疗，他们手拿气球、戴着头巾来到医院。面对绝症，她迈出了战胜它的最后一步，听到医生说出那句期待已久的"无疾病征象"时，他们一致欢呼。研究证明，这些朋友的努力是有作用的。一项对393名印度妇女进行的调研显示，从朋友身上得到更多支持的女性产生绝望情绪的概率更低[18]。应对疾病的关键就在于我们所爱的人的支持。他们帮助我们度过压抑和孤独的时刻，在我们想独自缩在角落里大哭一场时及时出现，陪我们迎接精神上的挑战。

然而，支持有时也会成为巨大的负担。兰德公司（RAND Health）进行了一项有关健康与退休的研究，他们研究了2701对50岁以上美国夫妇的婚姻状况。研究人员发现，配偶在婚姻早期生病对婚姻质量有显著的不利影响。但值得注意的一点是，妻子或丈夫确诊癌症与离婚没有相关性——这一发现与此前的研究相矛盾。但是，妻子或丈夫任一方在婚姻关系早期出现心脏或中风问题，都预示着另一方丧偶的可能性增加。而当妻子有肺部问题或中风时，夫妻则更有可能离婚。结果表明一个难以调和的趋势。一方面，来自至亲至爱的支持能鼓舞士气，激发患者对抗疾病的战斗精神，这对病人保持良好的精神状态是至关重要的。但另一方面，它也会损害婚姻，这种损害或许是无法再弥补的。"无论疾病还是健康，我都会与对方相伴一生。"最常见的结婚誓言却最难恪守，尤其是在面对疾病之苦时。

"幸好我并不孤单"

幸运的是，我们不必仅仅依靠现有的人际关系网络来获取社交支持。一些为人们提供健康状况支持的在线产业正在兴起。你能想象到的每一种疾病，几乎都能在互联网上找到相应的互助团体。此前我也曾提到：假设你不幸患上乳腺癌，通过互联网快速检索，你能毫不费力地就找到与其他乳腺癌患者交流的平台。你可以与他们聊天，分享患病的苦恼和战胜病魔的喜悦；也可以交流治疗方案，讨论应对副作用的方法；甚至可以向大家公开患病的压力，以及它对你的婚姻和家庭造成了怎样的影响。与你的朋友和家人不同，在线听你倾诉的人可能比他们更能感同身受，这些人会站在你的立场，在某种程度上理解你，这可能是你身边的其他人做不到的。

这还不是全部：这些网络平台也会主动分享他们的数据。你可能还没听说过"我的病友"网站（patientslikeme.com，以下简称PLM），这是一个在线网站，不仅面向患者用户，让他们与"同病相怜"的人取得联系、进行交流；而且也面向病人的看护者，允许他们代表病人加入社群，从患者角度发帖。截至2021年7月，该网站已经聚集了2800多种特殊身体状况的超过60万名用户，讨论的内容从疾病进展到治疗方案，再到他们目前的情绪和症状等各色问题。研究人员表示，这些在线平台是非常有帮助的，不仅能为病人提供社交支持，还能为他们提供疾病管理①方面的知识与鼓励[19]。

---

① 疾病管理是健康管理的重要策略之一，指协调医疗保健干预和与病人沟通的系统，强调病人自我保健的重要性。

其中的一位成员表示,这个网站还有其他好处,包括从对抗疾病的孤独旅程中解脱出来。PLM成员克雷格给出的评价是:"当我看到诊断书的那一刻,我感到不知所措,在我原本生活的世界里,我感到很孤独。当我加入了PLM,发现有成千上万的人跟我一样患有这种疾病,当时我就想,幸好我并不孤单。"对于像克雷格这样的病人,认识病友是他疾病管理的重要部分,而将病友联系在一起的好处远不止于此——PLM还是健康数据信息共享平台的原型。

患者可以在这个网站上分享自己的健康数据——当然,是在隐匿姓名、身份证号等隐私信息的前提下。这些健康数据包括非常个人化的医疗信息,如病历、检查结果和副作用等。这些信息被作为一种纵向分享记录——其他人可以追踪并以此来与自己的经历比较。例如,一个帕金森病患者可以看到病友们在不同状态和不同治疗方法下,产生的最好和最坏结果,这是非常有价值的。

不可否认,来自50多万名病人的数据对研究界也很有价值。注册PLM(这是一个营利性组织)的病人同意将他们的整体数据与研究人员共享,研究人员可以使用这些参与者的数据作为实验对照组,也可以在网站上招募特定病人进行临床试验,包括虚拟临床试验。在一项对PLM用户的调查中[20],大部分用户支持进行数据共享。他们指出了这样做的许多好处:包括协助医生就病情做出决策，促进发展新的治疗方法等。

PLM 在其网站上表示，该组织通过与研究机构合作来营利，其中一部分合作就是数据共享，这些数据由用户主动在网络社区匿名提供，由网站方面建立一个医疗信息的开源数据库。这些记录对科学家来说是非常宝贵的。因为这些通常是被严密保护的私人信息。根据大多数国家的现行法规，你的私人健康信息仅可供个人和为你提供医疗服务的医务人员使用（医务工作者可以使用不带身份信息的数据）。除非经本人授权与他人或其他机构分享，否则地球上不会再有其他人有机会获取这些信息。

科技巨头正以超乎我们认知的方式改变世界

在如今的医保体系中，我们缺少跨平台的协同操作和数据共享[21]。即使是在中国这样拥有全民医疗的国家，协同操作也尚未完全普及，因为医院没有使用同一套系统来维护个人电子健康档案。事实上，也许是出于设计考虑，这些系统往往是不兼容的，将病人数据从一个系统转移到另一个系统中是耗时的艰巨任务。这就是为什么有时你必须在某家特定诊所做扫描，然后亲自把检测报告交给医生，或者签署一份委托书，才能让检查机构把结果传真过来。但如果这些障碍都不存在了呢？你的医生可以查看你的记录，看到你曾做过的所有检查、扫描和诊断记录，更全面地了解你的病情。他们还可以把这些数据与世界各地的数据进行对比，通过年龄、体重和其他已有条件，将你与其他病情相类的患者人进行比对。这样做不仅有助于诊疗，还可以为患者护理提供帮助。如果能实现，这可能是一项革命性的成就。

这就是为什么在某些地区，比如欧盟，政策的制定者正努力推动跨境交互医疗。因为欧洲普遍推行全民医保，公民能在欧盟国家中自由旅行、工作和生活。在最近的一项基础设施调研中，医疗信息和管理系统协会欧盟分部发现，一些国家，如西班牙和英国（2020年正式脱离欧盟），在其各自的医疗系统内部和彼此的系统间具有良好的协同性。在这两个国家，89％的医院都可以在多个地点实现数据共享[22]。英国也已在这方面迈出了实质性的一步，在国内几个地区实现了病人数据信息共享[23]。而医疗信息与管理系统协会的调查显示，德国的数据协同性则远远落后，一半以上医院（尤其是小医院）根本没有协同性，45％的医院没有开发协同医疗系统的计划。

为了有朝一日能实现医疗数据的共享，科技公司依然在努力推进开发一些有潜力的基础设施。苹果公司2018年推出的健康记录应用，允许包括退伍军人事务部在内的五百多家医疗保健机构患者在手机上访问他们的健康记录。这些信息不仅供患者使用，截至2018年6月，苹果公司还向开发者开放了该程序。如果该程序的个人用户允许，他们可以与第三方应用程序分享其健康数据。苹果手机用户也可下载"研究"应用程序，来参与关于心脏、听力和妇女健康等问题的研究。其他公司也在开发面向卫生系统的产品。例如，通过云服务 iConnect，IBM 的沃森健康（Watson Health）正在推动实现图像交互[24]。使用该系统的医疗机构不仅可以获得当前和过去的病人图像，还能在同一系统内与其他医疗机构开展合作。事实上，IBM 与苹果、亚马逊、微软、Salesforce 和其他美国科技巨头在2018年共同签署了一项协议，内容是关于开发工具、设定标准来帮助实现协同操作以及提供安全高效的病人数据交换服务[25]。

同时，亚马逊已经以云平台的形式将数据交换范围扩展至多项业务领域。作为曾经的图书销售平台，如今亚马逊云平台（Amazon Web Services, AWS）已经帮助公司将业务扩展到了高利润的数据市场[26]。亚马逊云平台拥有各种不同类型客户的数据，其中包括拥有全球超过3.3亿家企业数据的邓白氏（Dun & Bradstreet），以及追踪消费者位置数据和超过6000万商业场所信息的 Foursquare。亚马逊云平台让人们看到了数据作为商品的未来。数据交换的可能性是无穷的，医保机构已经入局。例如，在亚马逊云平台交易市场，医疗信息化公司 Change Healthcare 对医保交易数据库进行了超140亿次访问。对许多这类数据库的访问都是有成本的，毕竟这是一个市场。不过，截至2021年，已经有1000多个数据库免费提供其数据源，其中一些是与新冠肺炎疫情有关的。例如，Tableau与Salesforce和MuleSoft合作，提供来自《纽约时报》和欧洲疾控中心等可靠信源的新冠病毒确诊和死亡数据[27]。

一些组织也建立了保护病人数据的标准。在健康信息技术领域，目前有超过40个标准制定组织得到了美国国家标准协会（American National Standards Institute）或国际标准化组织（International Organization for Standardization）的认可[28]。这些标准制定组织通常由临床医生、卫生保健管理者、信息学家和信息技术专家组成，为健康概念术语，数据传输方式，规定数据收集、传输和存储方式的隐私和安全等一切标准提供结构性指导[29]。

在全球范围内，科技、伦理和临床方面的基础设施正在逐步建立和完善，为全球范围内前所未有的数据交换提供基础，这将提高病人护理的精确性。2020年颁布的一项历史性举措，使得患者被授予了更多与自身健康数据相关的权利，这将有可能改善交互协同操作，使医生有机会访问不同类型疾病和患者诊疗结果的数据库[30]。也有一些公司，如美国的Hu-manity.co等，授予患者出售自己数据的权利。在病人数据所有权尚未在全球范围内达成一致的情况下，Hu-manity.co 已经在拓展与信息数据所有权相关的伦理界限。我们的数据已经被货币化了。为了换取"免费服务"，社交网站会出售我们的用户数据。然而，Hu-manity.co 的创始人兼首席执行官里奇·埃特瓦鲁（Richie Etwaru）希望为这种数据交换带来目的明确的决策权和所有权，让个人来决定将自己的数据卖给谁、卖多少钱。这是一个基于交易透明度的新想法，目前尚在萌芽阶段。虽然它肯定适用于那些亟待保护的、重要的病人数据，但一旦这样的想法引起了人们的关注，那么人的一生中可能会有数百万条数据被货币化。

人们现在和未来使用数据的方式将会发生历史性转变，像 PLM 这样的网站会更加普及，显然我们正朝着更便捷、更透明的健康数据共享方向发展。尽管这无疑会引发关于健康信息隐私的伦理争议，引发相应的政策调整，来降低共享健康数据可能带来的危害，但这对未来医学来说也是充满希望的一步。这种亲密的方式让人与人相连，人们不仅作为个体（例如，通过博客或在线小组找到囊性纤维化患儿的母亲），也作为与健康有关的互联信息网络中的大量数据点。

我看到了一个充满希望的医学未来。卫生系统将作为一个单一的运作系统，提供庞大的个体健康互联数据网络——最个体化的数据。这些数据将被复杂的计算程序挖掘出来，帮助世界各地的人们，提高诊疗的安全性和精准度。这种可能性实在令人着迷，因为在我看来，人与人之间，没有什么比帮助另一个人生存下来更亲密的生命关联了。

也许我在本书开篇设想的机器人医生将永远不会给出错误的诊断，医保和数字伦理学家可能会帮助所有人避免这样灾难性的后果。我的人类医生会在清晰的显示屏上调出我的图像，向我展示治疗过程和预期的治疗结果，并和与我病情相似的海量患者数据进行比对。至暗时刻，他们会握着手安慰我，提醒我：亲密感让人类个体紧密相连。

补记：我与索菲亚最后的时光

还记得我在香港与索菲亚共同录制的电视节目试播集吗？录制期间，我与那位英国制片人成了好友。我们都忍受着倒时差的痛苦，每天边等待早上5点的早餐边给对方发信息。我吃点心，他吃鸡蛋、吐司和水果。在一周的时间里，我们谈论了无数话题，从各自的家庭到机器人的未来，再到网飞关于意大利情色明星洛可·希佛帝（Rocco Siffredi）的纪录片。我们为索菲亚制定了"约会"脚本，讨论了如何解决拍摄期间遇到的问题。坐着面包车在黑漆漆的临时工作室和明亮光鲜的现代化酒店之间辗转奔波，途中我们也一直在聊天。在片场，他总是好奇地打量我，仿佛我是个他想弄明白的难题。透过摄影师的回放镜头，他会告诉他们需要在哪里做调整。

现在我知道，他其实是想了解我的内心。在拍摄的最后一天，他做到了。

"你认为这些机器人真的能给我们的生活带来变化吗？"他问。

他在摄像机之外，而我则坐在房间正中一把金属椅子上。工作室里一片漆黑，唯独一盏灯照着我，投下一圈光影。

"当然。"我极力给出富于科学性、逻辑性的回答。

"怎么会呢？"

"也许对于像你和我这样的人来说，索菲亚这样的机器人不会对我们产生太大的影响。我们是幸运的，有爱人、有朋友，生活中充满了挑战。但这些机器人真的可以对那些感到孤独的人有所帮助。"

"比如说哪些人？"他从黑暗的角落看向我。

此前一星期的相处时光，他一直在逗我，说他们会让我在镜头前流泪，而我则向他保证我不会。但那一刻，我感觉自己的声音哽住了，我意识到自己的保证可能会在这一刻瓦解。我流着泪说了接下来这段话：

"这个世界上有些人是极度孤独的。他们始终渴望得到爱与关注,需要有人倾诉,倾听他们的心声。想起索菲亚,我就会想,如果我的外祖母在生前能有索菲亚陪在身边,她的生活该有多好啊。外祖母去世时双目失明、孤独无依,而索菲亚也许可以让她生命的最后时光变得无限美好。"说到这里,我再也忍不住眼泪:

"从呱呱坠地到匆匆离去,每个生命都值得被爱。"

老年生存指南

无数个碎片

生存技巧39 千里之堤溃于蚁穴，无论是一段关系还是一个人，都可能毁于经年累月的日常行为。如果你想让某些事物持续下去，必须时时刻刻用心呵护。你本可以在让事情变得更好和更糟之间做出选择，别再问土豆洗没洗干净了，因为在你问出口的那一刻，你就已经做错了。

胶原蛋白也救不了你

生存技巧40 老去之时，我们不仅应保持身体健康，还需要维系和丰富社交健康。在建立一个多样化的丰富社交网络方面投入的时间，要和你在预防疾病上付出的时间一样多，甚至还要更多。这些"有意义的人"可能会在某一天以重要的方式丰富或延长你的生命。

进入缓冲区

生存技巧41 经历创伤时，人会本能地寻找身边的人抱团取暖。这是文化教会我们的事。遇到困难时，有个人在身边的感觉很好。然而，艰难时刻并不总是显而易见的。身边的人可能恰恰需要你在看似平常的日子里出现，就像他们在你人生的至暗时刻出现在你身边一样。只要出现就好，这么做百利而无一害。

无论疾病还是健康

生存技巧42 疾病和健康危机往往是令人痛苦的，在情绪上也很难应对。很容易在夫妻关系和家庭生活中造成孤立和紧张情绪。当有人生病时，最重要的是给予他们更多的爱与支持，即使他们产生了退缩情绪。主动开车送他们去看病，在门口放些饼干，参加他们的化疗疗程，这对他们的心理健康至关重要，能给他们带来希望，激发他们的斗志。

"幸好我并不孤单"

生存技巧43 如果真实世界里缺乏你需要的支持，不要犹豫，去网上寻找可以联系的人吧。成千上万的在线论坛，为患者、照护人员、正和你面临相同健康问题的人提供了沟通平台。别再犹豫，赶快找到这些人，分享你的痛苦和快乐。当你的生活陷入危机时，如果你能知道还有和你一样的人也陷入了同样的危机，这可能会帮助你重获平衡。

科技巨头正以超乎我们认知的方式改变世界

生存技巧44 联系有多种形式。我们与个体和团体都有联系，也通过经验和行动网络与地球上所有其他人相连。科技巨头正在加强这些联系，让我们有更多机会获取信息，通过分享数据来改变生活。很快，共享自己的数据、创建互联信息网络的决定权就会掌握在你手中，这将有可能会改变交通、医疗、养老等一切模式。准备好行动吧，科技正在飞速发展。

补记：我与索菲亚最后的时光

生存技巧45 有生之年，我希望看到机器人产业发生巨变。随着科技公司在人工智能和动画领域的创新，为老人和其他感到孤独的人提供伴侣的梦想正在一点点成为现实。然而，我仍有很多问题。我们需要什么样的法律来保证人类（和机器人）的安全与健康？机器人融入我们的生活后，会如何改变人与人之间的互动？有一天，我们是否能够像爱身边的人一样去爱机器人？我们不得不带着这些伦理问题走向未来。

关于科技的附加建议

随着年龄的增长,我们需要考虑如何利用科技来保持健康、维系与他人的联系。在过去十年中,科技的进步预示着我们必将迎来一个快节奏的未来,有可能快到没有人能跟得上最新的趋势。根据你所处的人生阶段,你很难想象有一天自己会与这个时代的科技创新脱节。而对于我们所有人来说,那一天终将到来。到那时,请记得要灵活应对,迅速做出改变。

后　记

我本希望可以为这本书画上一个完美的句号，宣布这种"亲密饥荒"可以被消除。但这并不是本书的重点。我希望提醒你，人类在现代社会中面临着数不清的问题，我希望你能以前所未有的方式真正开始思考这些问题。我在每一章结尾写下的小贴士只是自己的一点思考，关于如何能使生活变得更好，但并非解决问题的处方或答案，希望它能对你能有所启示。

我希望每位读者都能在合上书后实实在在地收获些什么，所以我写下了最后的练习题。我希望你能聚焦本书中的某一章，这个章节对你现阶段的生活意义最大，然后通过一个常用于自我提升的框架，来回答以下三个问题：

1. 哪些事情对我而言是有效的？

2. 哪些事情对我而言是无效的？

3. 我现在缺少什么？

你可以在阅读本书的每一章后都回答这三个问题，甚至可以要求身边的人也这样做。你所能采取的最重要的行动，是让自己继续去做那些有效的事，抛弃那些无效的事，同时有意去做那些你认为生活中所缺少的事情。

最后说一点我的思考。大约十五年前，我一个人去度假。当时我和丈夫住在芬兰北部小城于韦斯屈莱（Jyväskylä），我需要一些时间来思考我们关系中的一些问题。说实话，那时我们面临的问题很严重，我甚至想结束这段关系。来自一个习惯于漂泊的原生家庭，我从小就学不会"解决"什么问题。我坐飞机去了加那利群岛之一的特内里费岛，觉得一本书和一片海滩就是我的反思疗伤之地，我坚信这样的疗伤之旅之后，一切就能继续。但我很快意识到，这种被孤立的环境是无法疗伤的。我体会到了自己在这个地球上所感受到的最大程度的孤独，这种孤独像一块厚重的黑暗之毯，快要把我闷死了。

两天的时间里，除了接待员，我没有和任何人类说过话。我换了机票，飞回了芬兰的家。我和丈夫并没有独自在海滩上枯坐，而是选择每晚都在一片静谧的、被雪覆盖的森林里一起散步。我们都忍不住哭了,手拉着手,在许多无眠的夜晚讨论许许多多我们面临的复杂问题。这位健康又善于沟通的爱人帮我认识到,我不是一座孤岛,我需要他人,也需要爱。当事情变得艰难时,我不应该一走了之。从那天起,我开始用尽全力、不加掩饰地去爱、去承诺。希望通过这本书,我也能把这种爱传递给你。

最后,我想对这本书说:"谢谢你帮我整顿自己,是该画上句号的时候了。"

致　谢

　　感谢我的妈妈,她教会我如何去爱。感谢我的丈夫,他教会了我,原来爱可以长久。还有我的儿子,泰勒和诺亚,他们教会了我,即便你觉得自己的心已经装得满满的,依然可以为自己爱的人留出空间。

注 释

绪论：深思万物的未来

1　Andreas Kaplan and Michael Haenlein, "Siri, Siri, in My Hand: Who's the Fairest in the Land? On the Interpretations, Illustrations, and Implications of Artificial Intelligence," *Business Horizons* 62, no. 1 (January–February 2019): 15–25, https://doiorg/10.1016/j.bushor.2018.08.004.

2　Mike Murphy, "Replika: This App Is Trying to Replicate You," *Quartz*, last modified August 29, 2019, https://qz.com/1698337/replika-this-app-is-trying-to-replicate-you.

3　Jean Twenge, Brian Spitzberg, and W. Keith Campbell, "Less In-Person Social Interaction with Peers among U.S. Adolescents in the 21st Century and Links to Loneliness," *Journal of Social and Personal Relationships* 36, no. 6 (June 2019): 1892–1913, doi:10.1177/0265407519836170.

4　John F. Helliwell, Richard Layard, and Jeffrey D. Sachs, eds., *World Happiness Report 2018* (New York: Sustainable Development Solutions Network, 2018), 147.

5 Robert L. Kahn and Toni C. Antonucci, "Convoys over the Life Course: Attachment, Roles, and Social Support," in *Life Span Development and Behavior 3*, ed. Paul B. Baltes and Orville G. Brim (New York: Academic Press, 1979), 253–286.

6 Monica Anderson and Jingjing Jiang, "Teens, Social Media and Technology 2018," Pew Research Center, May 31, 2018, https://www.pewresearch.org/internet/2018/05/31/teens-social-media-technology-2018.

7 Jean Twenge, Ryne Sherman, and Brooke Wells, "Declines in Sexual Frequency among American Adults, 1989–2014," *Archives of Sexual Behavior* 46, no. 8 (March 2017): 2389–2401, doi: 10.1007/s10508-017-0953-1.

8 Stuart Brody, "The Relative Health Benefits of Different Sexual Activities," *Journal of Sexual Medicine* 7, no. 4 (January 2010): 1336–1361, doi: 10.1111/j.1743-6109.2009.01677.x.

9 Andrea L. Meltzer, Anastasia Makhanova, Lindsey L. Hicks, Juliana E. French, James K. McNulty, and Thomas N. Bradbury, "Quantifying the Sexual Afterglow: The Lingering Benefits of Sex and Their Implications for Pair-Bonded Relationships," *Psychological Science* 28, no. 5 (March 2017): 587–598, doi: 10.1177/0956797617691361.

10 Claudia Schmiedeberg, Bernadette Huyer-May, Laura Castiglioni, and Matthew D. Johnson, "The More the Better? How Sex Contributes to Life Satisfaction," *Archives of Sexual Behavior* 46, no. 2 (February 2017): 465–473, doi: 10.1007/s10508-016-0843-y.

11 Amy Muise, Ulrich Schimmack, and Emily Impett, "Sexual Frequency Predicts Greater Well-Being, but More Is Not Always Better," *Social Psychological and Personality Science* 7, no. 4 (May 2016): 295–302,

doi: 10.1177/1948550615616462.

12 George Loewenstein, Tamar Krishnamurti, Jessica Kopsic, and Daniel McDonald, "Does Increased Sexual Frequency Enhance Happiness?," *Journal of Economic Behavior and Organization* 116 (August 2015): 206–218, https://doi.org/10.1016/j.jebo.2015.04.021.

13 Bernie Zilbergeld and Carol Rinkleib Ellison, "Desire Discrepancies and Arousal Problems in Sex Therapy," in *Principles and Practice of Sex Therapy*, ed. Sandra R. Leiblum and Lawrence A. Pervin (New York: Guilford Press, 1980), 65–106.

14 Peter Ueda, Catherine H. Mercer, Cyrus Ghaznavi, and Debby Herbenick, "Trends in Frequency of Sexual Activity and Number of Sexual Partners among Adults Aged 18 to 44 Years in the US, 2000–2018," *JAMA Network Open* 3, no. 6 (June 2020): e203833, doi:10.1001/jamanetworkopen.2020.3833.

15 Kyle J. Foreman, Neal Marquez, Andrew Dolgert, Kai Fukutaki, Nancy Fullman, Madeline McGaughey, Martin A. Pletcher, et al., "Forecasting Life Expectancy, Years of Life Lost, and All-Cause and Cause-Specific Mortality for 250 Causes of Death: Reference and Alternative Scenarios for 2016–40 for 195 Countries and Territories," *Lancet* 392, no. 10159 (November 2018): 2052–2090, doi:org/10.1016/S0140-6736(18)31694-5.

第一章 疫情生存指南

1 Daniel Dunford, Becky Dale, Nassos Stylianou, Ed Lowther, Maryam Ahmed, and Irene de la Torre Arenas, "Coronavirus: The World in Lockdown in Maps and Charts," *BBC*, last modified April 7, 2020, https://

www.bbc.com/news/world-52103747.

2 "Oxford COVID-19 Government Response Tracker," Blavatnik School of Government, University of Oxford, https://covidtracker.bsg.ox.ac.uk.

3 Emma Beswick, "Sweden's Coronavirus Strategy: Has 'Culture of Conformity' Saved the Country from COVID Fatigue?," *Euronews*, last modified October 19, 2020 ,https://www.euronews.com/2020/10/19/has-sweden-s-coronavirus-strategy-helped-it-avoid-pandemic-fatigue.

4 Sarah Mervosh, Giulia McDonnell Nieto del Rio, and Neil MacFarquhar, "'Numb' and 'Heartbroken,' the U.S. Confronts Record Virus Deaths," *New York Times*, last modified February 21, 2021 ,https://www.nytimes.com/2020/12/10/us/coronavirus-death-record.html.

5 Al Goodman, Laura Perez Maestro, Ingrid Formanek, Max Ramsay, and Ivana Kottasová, "Spain Turns Ice Rink into a Morgue as Coronavirus Deaths Pile Up," *CNN*, last modified March 24,2020, https://www.cnn.com/2020/03/24/europe/spain-ice-rink-morgue-coronavirus-intl/index.html.

6 Erik Erikson, *Childhood and Society* (New York: W. W. Norton and Company, 1950).

7 Abby Vesoulis, "'If We Had a Panic Button, We'd Be Hitting It.' Women Are Exiting the Labor Force En Masse—and That's Bad for Everyone," *Time*, October 17, 2020, https://time.com/5900583/women-workforce-economy-covid.

8 James Crowley, "Hinge Introduces 'Date from Home' Feature So Users Can Date and Social Distance with Ease," *Newsweek*, April 7, 2020, https://www.newsweek.com/hinge-date-home-feature-virtual-dates-1495615.

9 Natsumi Sawada, Emilie Auger, and John Lydon, "Activation of the

Behavioral Immune System: Putting the Brakes on Affiliation," *Personality and Social Psychology Bulletin* 44, no. 2 (October 2017): 224–237, doi: 10.1177/0146167217736046.

10 Emma Ailes, " 'Covid Ended Our Marriage' : The Couples Who Split in the Pandemic," *BBC*, December 3, 2020, https://www.bbc.com/news/world-55146909.

11 Alexis Benveniste, "Taylor Swift Released Two Albums in 2020. Most of Us Are Just Trying to Get By," *CNN*, last modified December 11, 2020, https://www.cnn.com/2020/12/10/success/taylor-swift-albums-productivity/index.html.

12 Benjamin Jones, E. J. Reedy, and Bruce A. Weinberg, "Age and Scientific Genius" (working paper, National Bureau of Economic Research, Cambridge, MA, January 2014), https://www2.nber.org/papers/w19866.pdf.

13 Kim Kavin, "Dog Adoptions and Sales Soar during the Pandemic," *Washington Post*, August 12, 2020, https://www.washingtonpost.com/nation/2020/08/12/adoptions-dogs-coronavirus.

14 Linda Handlin, Eva Hydbring Sandberg, Anne Nilsson, and Mikael Ejdeback, "Short-Term Interaction between Dogs and Their Owners: Effects on Oxytocin, Cortisol, Insulin and Heart Rate—An Exploratory Study," *Anthrozoös* 24, no. 3 (April 2015): 301–315, doi: 10.2752/175303711X13045914865385.

15 Erika Friedmann, Aaron Honori Katcher, James J. Lynch, and Sue Ann Thomas, "Animal Companions and One-Year Survival of Patients after Discharge from a Coronary Care Unit," *Public Health Reports* 95, no. 4 (July 1980): 307–312.

16 G. Adee A. Schoon, Danielle De Jonge, and Patrick Hilverink, "How

Dogs Learn to Detect Colon Cancer—Optimizing the Use of Training Aids," *Journal of Veterinary Behavior: Clinical Applications and Research* 35 (January 2020): 38–44, doi:10.1016/j.jveb.2019.10.006.

17 Alan M. Beck and N. Marshall Meyers, "Health Enhancement and Companion Animal Ownership," *Annual Review of Public Health* 17 (1996): 247–257, doi:10.1146/annurev.pu.17.050196.001335.

18 Emily W. Flanagan, Robbie A. Beyl, S. Nicole Fearnbach, Abby D. Altazan, Corby K. Martin, and Leanne M. Redman, "The Impact of COVID-19 Stay-at-Home Orders on Health Behaviors in Adults," *Obesity (Silver Spring)* 29, no. 2 (February 2021): 438–445, doi:10.1002/oby.23066; Michael S. Pollard, Joan S. Tucker, and Harold D. Green Jr., "Changes in Adult Alcohol Use and Consequences during the COVID-19 Pandemic in the US," *JAMA Network Open* 3, no. 9 (September 29, 2020): e2022942, doi:10.1001/jamanetworkopen.2020.22942.

19 Aaron Tilley, "Zoom's Pandemic-Fueled Boom Continues," *Wall Street Journal*, last modified November 30, 2020, https://www.wsj.com/articles/zooms-pandemic-fueled-boom-continues-11606772231.

20 Rachel Sandler, "Here's When Major Companies Plan to Go Back to the Office," *Forbes*, August 27, 2020, https://www.forbes.com/sites/rachelsandler/2020/08/27/heres-when-major-companies-plan-to-go-back-to-the-office/?sh=3e71941f361c.

21 International Monetary Fund, *World Economic Outlook: A Long and Difficult Ascent*, October 2020, https://www.imf.org/en/Publications/WEO/Issues/2020/09/30/world-economic-outlook-october-2020.

22 International Monetary Fund, *World Economic Outlook: Managing Divergent Recoveries*, April 2021, https://www.imf.org/en/Publications/WEO/Issues/2021/03/23/world-economic-outlook-april-2021.

23 Janette Neuwahl Tannen, "Pandemic Spurs a Burst of Technology Innovation," News@TheU, University of Miami, August 18, 2020, https://news.miami.edu/stories/2020/08/pandemic-spurs-a-burst-of-technology-innovation.html.

24 Juulia T. Suvilehto, Enrico Glerean, Robin I. M. Dunbar, Riitta Hari, and Lauri Nummenmaa, "Topography of Social Touching Depends on Emotional Bonds between Humans," *Proceedings of the National Academy of Sciences* 112, no. 45 (November 10, 2015): 13811–13816, https://doi.org/10.1073/pnas.1519231112.

25 Klaus Linde, Kirsten Sigterman, Levente Kriston, Gerta Rücker, Susanne Jamil, Karin Meissner, and Antonius Schneider, "Effectiveness of Psychological Treatments for Depressive Disorders in Primary Care: Systematic Review and Meta-Analysis," *Annals of Family Medicine* 13, no. 1 (January 2015): 56–68, doi:10.1370/afm.1719.

26 Johan Ormel, Philip Spinhoven, Ymkje Anna de Vries, Angélique O. J. Cramer, Greg J. Siegle, Claudi L. H. Bockting, and Steven D. Hollon, "The Antidepressant Standoff : Why It Continues and How to Resolve It," *Psychological Medicine* 50, no. 2 (November 29, 2019): 177–186, doi:10.1017/S0033291719003295.

27 Christopher A. Moyer, James Rounds, and James W. Hannum, "A MetaAnalysis of Massage Therapy Research," *Psychological Bulletin* 130, no. 1 (January 2004): 3–18, doi:10.1037/0033-2909.130.1.3.

28 Mark Hyman Rapaport, Pamela Schettler, Erika R. Larson, Sherry A.Edwards, Boadie W. Dunlop, Jeff rey J. Rakofsky, and Becky Kinkead, "Acute Swedish Massage Monotherapy Successfully Remediates Symptoms of Generalized Anxiety Disorder: A Proof-of-Concept, Randomized Controlled Study," *Journal of Clinical Psychiatry*

77, no. 7 (July 2016): e883-e891, doi: 10.4088/JCP.15m10151.
29 "Massage Therapists," Occupational Outlook Handbook, US Bureau of Labor Statistics, last modified September 1, 2020, https://www.bls.gov/ooh/healthcare/massage-therapists.htm.
30 Edmund S. Higgins, "Is Mental Health Declining in the U.S.?," *Scientific American Mind*, January 1, 2017, https://www.scientificamerican.com/article/is-mental-health-declining-in-the-u-s.
31 Jon Fortenbury, "Fighting Loneliness with Cuddle Parties," *Atlantic*, July 15, 2014, https://www.theatlantic.com/health/archive/2014/07/fighting-loneliness-with-cuddle-parties/37335; Yoni Alkan, "Cuddlist," 2020, https://www.yonialkan.com/cuddlist.
32 "Madelon Guinazzo Co-Founder and Creator of the Certification Program of Cuddlist," December 4, 2017, https://cuddlist.typeform.com/to/csvtzh?afmc=xxxxx.
33 "Cuddle Party," http://www.cuddleparty.com.
34 Kathleen M. Cumiskey and Larissa Hjorth, "'I Wish They Could Have Answered Their Phones': Mobile Communication in Mass Shootings," *Death Studies* 43, no. 7 (December 31, 2018): 414-425, doi: 10.1080/07481187.2018.1541940; Michelle Drouin, Brandon T. McDaniel, Jessica A. Pater, and Tammy Toscos, "How Parents and Their Children Used Social Media and Technology at the Beginning of the Covid-19 Pandemic and Associations with Anxiety," *Cyberpsychology, Behavior, and Social Networking* 23, no. 11 (November 6, 2020): 727-736, doi: 10.1089/cyber.2020.0284.
35 Kathleen M. Cumiskey and Larissa Hjorth, *Haunting Hands: Mobile Media Practices and Loss* (New York: Oxford University Press, 2017).
36 Simon Mair, "How Will Coronavirus Change the World?," *BBC*, March

31, 2020, https://www.bbc.com/future/
37 Martha Henriques, "Will Covid-19 Have a Lasting Impact on the Environment?," *BBC*, March 27, 2020, https://www.bbc.com/future/article/20200326-covid-19-the-impact-of-coronavirus-on-the-enviroment; Aaron James, *Surfing with Sartre: An Aquatic Inquiry into a Life of Meaning* (New York: Doubleday, 2017).
38 Stevan E. Hobfoll, Charles D. Spielberger, Shlomo Breznitz, Charles Figley, Susan Folkman, Bonnie Lepper-Green, Donald Meichenbaum, et al., "War-Related Stress: Addressing the Stress of War and Other Traumatic Events," *American Psychologist* 46, no. 8 (1991): 848–855, doi: 10.1037/0003-066X.46.8.848.

第二章 童年生存指南

1 Elliott M. Blass and Lisa B. Hoff meyer, "Sucrose as an Analgesic for Newborn Infants," *Pediatrics* 87, no. 2 (February 1991): 215.
2 Ruth Feldman, Zehava Rosenthal, and Arthur I. Eidelman, "Materna lPreterm Skin-to-Skin Contact Enhances Child Physiologic Organization and Cognitive Control across the First 10 Years of Life," *Biological Psychiatry* 75, no. 1 (January 2014): 56, doi: 10.1016/j.biopsych.2013.08.012; Alex Smith, "Babies Born Dependent on Opioids Need Touch, Not Tech," *NPR*, August 16, 2018, https://www.npr.org/sections/health-shots/2018/08/16/632697780/babies-born-dependent-on-opioids-need-touch-not-tech.
3 Veeral N. Tolia, Stephen W. Patrick, Monica M. Bennett, Karna Murthy, John Sousa, P. Brian Smith, Reese H. Clark, and Alan R. Spitzer, "Increasing Incidence of the Neonatal Abstinence Syndrome in U.S.

Neonatal ICUs," *New England Journal of Medicine* 372, no. 22 (May 2015): 2118-2126, doi: 10.1056/NEJMsa1500439.

4   Tyler N. A. Winkelman, Nicole Villapiano, Katy B. Kozhimannil, Matthew M. Davis, and Stephen W. Patrick, "Incidence and Costs of Neonatal Abstinence Syndrome among Infants with Medicaid," *Pediatrics* 141, no. 4 (April 2018): e20173520, doi: 10.1542/peds.2017-3520; Shahla M. Jilani, Meghan T. Frey, Dawn Pepin, Tracey Jewell, Melissa Jordan, Angela M. Miller, Meagan Robinson, et al., "Evaluation of State-Mandated Reporting of Neonatal Abstinence Syndrome—Six States, 2013-2017," *Morbidity and Mortality Weekly Report* 68, no. 1 (January 2019): 6-10, doi:dx.doi.org/10.15585/mmwr.mm6801a2.

5   Ian Zuzarte, Premananda Indic, Bruce Barton, David Paydarfar, Francis Bednarek, and Elisabeth Bloch-Salisbury, "Vibrotactile Stimulation: A Non-Pharmacological Intervention for Opioid-Exposed Newborns," *PloS One* 12, no. 4 (April 2017): e0175981, doi: 10.1371/journal.pone.0175981; Amanda Hignell, Karen Carlyle, Catherine Bishop, Mary Murphy, Teresa Valenzano, Suzanne Turner, and Michael Sgro, "The Infant Cuddler Study: Evaluating the Effectiveness of Volunteer Cuddling in Infants with Neonatal Abstinence Syndrome," *Paediatrics and Child Health* 25, no. 7 (November 2020): 414-418, doi: 10.1093/pch/pxz127.

6   Emis Akbari, Noam Binnoon-Erez, Michelle Rodrigues, Alessandro Ricci, Juliane Schneider, Sheri Madigan, and Jennifer Jenkins, "Kangaroo Mother Care and Infant Biopsychosocial Outcomes in the First Year: A Meta-Analysis," *Early Human Development* 122 (July 2018): 22-31, doi: 10.1016/j.earlhumdev.2018.05.004.

7   Rivka Landau, "Affectand Attachment: Kissing, Hugging, and Patting as

Attachment Behaviors," *Infant Mental Health Journal* 10, no. 1 (Spring 1989): 59–69, doi: 10.1002/1097–0355(198921)10:1<59::AIDIMHJ22 80100106>3.0.CO;2–6.

8   Michael Inbar, "Mom's Hug Revives Baby That Was Pronounced Dead," *Today*, September 9, 2010, https://www.today.com/parents/moms-hug-revives-baby-was-pronounced-dead-2D80554298.

9   Naveeen A, "Premature Baby Presumed Dead Comes Backto Life after Mother Cuddles Him: 'Power Of Love,'" *Shared*, November 21, 2019, https://life.shared.com/dead-premature-baby-comes-back-to-life-after-mother-cuddles-him.

10 René A. Spitz, "Hospitalism— an Inquiry into the Genesis of Psychiatric Conditions in Early Childhood," *Psychoanalytic Study of the Child* 1 (1945): 53–74; René A. Spitz, "The Role of Ecological Factors in Emotional Development in Infancy," *Child Development* 20, no. 3 (September 1949): 145–155, https://doi.org/10.2307/1125870.

11 Harry F. Harlow and Robert R. Zimmermann, "The Development of Affective Responsiveness in Infant Monkeys," *Proceedings of the American Philosophical Society* 102, no. 5 (October 1958): 501–509, https://www.jstor.org/stable/985597.

12 Daksha Trivedi, "Cochrane Review Summary: Massage for Promoting Mental and Physical Health in Typically Developing Infants under the Age of Six Months," *Primary Health Care Research and Development* 16, no. 1 (January 2015): 3–4, doi: 10.1017/S1463423614000462.

13 Colin Hesse, Alan C. Mikkelson, and Stephanie Saracco, "Parent-Child Affection and Helicopter Parenting: Exploring the Concept of Excessive Affection," *Western Journal of Communication* 82, no. 4 (August 2017): 457–474, doi: 10.1080/10570314.2017.1362705.

14 Inge Bretherton and Kristine A. Munholland, "Internal Working Models in Attachment Relationships: Elaborating a Central Construct in Attachment Theory," in *Handbook of Attachment: Theory, Research, and Clinical Applications*, ed. Jude Cassidy and Philip R. Shaver (New York: Guilford Press, 2008), 102–127.

15 "Women in the Labor Force," Women's Bureau, US Department of Labor,https://www.dol.gov/agencies/wb/data/facts-over-time/women-in-the-labor-force#civilian-labor-force-by-sex.

16 Juliana Menasce Horowitz, "Despite Challenges at Home and Work, Most Working Moms and Dads Say Being Employed Is What's Best for Them," Pew Research Center, https://www.pewresearch.org/fact-tank/2019/09/12/despite-challenges-at-home-and-work-most-working-moms-and-dads-say-being-employed-is-whats-best-for-them.

17 Sara Kettler, "Fred Rogers Took a Stand against Racial Inequality When He Invited a Black Character to Join Him in a Pool," *Biography*, last modified June 24, 2020, https://www.biography.com/news/mister-rogers-officer-clemmons-pool.

18 Maxwell King, "How 'Mister Rogers' Neighborhood' Championed Children with Disabilities," *Guideposts*, October 15, 2018, https://www.guideposts.org/inspiration/inspiring-stories/how-mister-rogers-neighborhood-championed-children-with-disabilities.

19 "Disney Expands Its 'Baby Einstein' Refunds," *CBS News*, October 24, 2009, https://www.cbsnews.com/news/disney-expands-its-baby-einstein-refunds.

20 Sarah Roseberry Lytle, Adrian Garcia-Sierra, and Patricia K. Kuhl, "Two Are Better than One: Infant Language Learning from Video Improves in the Presence of Peers," *Proceedings of the National Academy*

of Sciences 115, no. 40 (October 2018): 9859–9866, doi: 10.1073/pnas.1611621115.
21 Brandon T. McDaniel and Sarah M. Coyne, "Technology Interference in the Parenting of Young Children: Implications for Mothers' Perceptions of Coparenting," Social Science Journal 53, no. 4 (December 2016): 435–443, doi: 10.1016/j.soscij.2016.04.010; Genni Newsham, Michelle Drouin, and Brandon T. McDaniel, "Problematic Phone Use, Depression, and Technology Interference among Mothers," Psychology of Popular Media Culture 9, no. 2 (December 2018): 117–124, https://doi.org/10.1037/ppm0000220.
22 John Bowlby, Attachment and Loss, Volume 1: Attachment (London: Penguin Books, 1978).
23 Nellie Bowles, "Th e Digital Gap between Rich and Poor Kids Is Not What We Expected," New York Times, October 26, 2018, https://www.nytimes.com/2018/10/26/style/digital-divide-screens-schools.html.
24 Paige Leskin, "Twitter CEO Jack Dorsey Uses His iPhone's Screen Time Feature to Limit His Twitter Use to 2 Hours a Day," Business Insider, October 25, 2019,https://www.businessinsider.com/jack-dorsey-iphone-screen-time-feature-2-hour-twitter-limit-2019-10.
25 World Health Organization, Guidelines on Physical Activity, Sedentary Behaviour and Sleep for Children under 5 Years of Age, 2019, https://apps.who.int/iris/handle/10665/311664.
26 Rebecca Muller, "Evan Spiegel and Miranda Kerr Allow Their Kids 90 Minutes of Screen Time per Week. What's the Right Number for You?," Thrive Global, January 2, 2019,https://thriveglobal.com/stories/how-much-weekly-screen-time-limits-kids-children-tips.
27 Olivia Rudugard, "The Tech Moguls Who Invented Social Media Have

Banned Their Children from It," *Independent.ie*, November 6, 2018, https://www.independent.ie/life/family/parenting/the-tech-moguls-who-invented-social-media-have-banned-their-children-from-it-37494367.html.

28 "Media and Technology Philosophy," Waldorf School of the Peninsula, https://waldorfpeninsula.org/curriculum/media-technology-philosophy.

29 Parks Associates, *Households with Children: Dominant Tech Purchasers*, 2020, https://www.parksassociates.com/marketfocus/digital-parenting.

30 Sandra L. Calvert, "Children as Consumers: Advertising and Marketing," *Future of Children* 18, no. 1 (Spring 2008): 205–234, doi:10.1353/foc.0.0001.

31 Brooke Auxier, Monica Anderson, Andrew Perrin, and Erica Turner, "Parenting Children in the Age of Screens," Pew Research Center, July 28, 2020, https://www.pewresearch.org/internet/2020/07/28/parenting-children-in-the-age-of-screens.

32 "The Common Sense Census: Media Use by Tweens + Teens," Common Sense Media, November 3, 2015, https://www.commonsensemedia.org/the-common-sense-census-media-use-by-tweens-and-teens-infographic.

33 Bowles, "The Digital Gap."

34 Gregg Weiss, "Wow, i spend more time on Twitter than Jack Dorsey! @BuzzFeedBen: How much time do you spend on Twitter per day? @jack: I set the screen time limit to 2 hours... ," Twitter, October 24, 2019, https://twitter.com/greggweiss/status/1187466588506558464.

35 "The Common Sense Census."

36 "Welcome to the Harvard Study of Adult Development," Harvard Second Generation Study, Harvard Medical School, https://www.adultdevelopmentstudy.org.

37 Diana C. Reep and Faye H. Dambrot, "Effects of Frequent Television Viewing on Stereotypes: 'Drip, Drip' or 'Drench'?," *Journalism Quarterly* 66, no. 3 (September 1989): 542–550, doi: 10.1177/107769908906600302.

第三章 友情生存指南

1 Bratislav Stojiljkovic, Dragoljub A. Cucic, and Zoran Pajic, "Nikola Tesla and Samuel Clemens: The Friendship between Two Luminaries of the Gilded Age," *Mark Twain Journal* 52, no. 2 (November 2014): 25–62.

2 Lydia Denworth, *Friendship: The Evolution, Biology, and Extraordinary Power of Life's Fundamental Bond* (New York: W. W. Norton and Company, 2020).

3 Robert Plomin, J. C. DeFries, and John C. Loehlin, "Genotype Environment Interaction and Correlation in the Analysis of Human Behavior," *Psychological Bulletin* 84, no. 2 (1977): 309–322, doi: 10.1037/0033-2909.84.2.309.

4 "女童子军",美国女童子军组织, https://www.girlscouts.org.

5 Miller McPherson, Lynn Smith-Lovin, and James M. Cook, "Birds of a Feather: Homophily in Social Networks," *Annual Review of Sociology* 27 (August 2001): 415–444, doi: 10.1146/annurev.soc.27.1.415.

6 Erik Erikson, *Childhood and Society* (New York: W. W. Norton and Company, 1950).

7 "Erik Erikson, 91, Psychoanalyst Who Reshaped Views of Human Growth, Dies," *New York Times*, May 13, 1994, https://www.nytimes.com/1994/05/13/obituaries/erik-erikson-91-psychoanalyst-who-

reshaped-views-of-human-growth-dies.html?pagewanted=all.

8　Melanie Curtin, "This 75 Year Harvard Study Found the 1 Secret to Leading a Fulfilling Life," *Inc.*, February 27, 2017, https://www.inc.com/melanie-curtin/want-a-life-of-fulfillment-a-75-year-harvard-study-says-to-prioritize-this-one-t.html.

9　John M. Reisman, "An Indirect Measure of the Value of Friendship for Aging Men," *Journal of Gerontology* 43, no. 4 (July 1988): 109–110, https://doi.org/10.1093/geronj/43.4.P109.

10　Denworth, *Friendship*.

11　Julianne Holt-Lunstad, Timothy B. Smith, and J. Bradley Layton, "Social Relationships and Mortality Risk: A Meta-Analytic Review," *PLoS Medicine* 7, no. 7 (July 2010): 1–20, doi: 10.1371/journal.pmed.1000316.

12　Stephanie Buck, "1980s Teens Spent Thousands Flirting with Strangers on the Phone," *Timeline*, February 6, 2017, https://timeline.com/party-lines-teens-a1be20c45686.

13　"PenPal World: Where People Become Friends," Penpal World, Inc., http://www.penpalworld.com; "PenPal Schools," PenPal Schools, https://www.penpalschools.com.

14　John Mayer, Twitter post, October 2017, 3:51 p.m., https://twitter.com/johnmayer/status/915665811892609024.

15　Lindsay Dodgson, "4 People on the Average Flight Could Meet the Love of Their Life in the Air, According to a Survey," *Insider*, August 30, 2018, https://www.insider.com/one-in-50-passengers-meet-the-love-of-their-life-on-a-plane-2018-8.

16　"Imagine Better Future with Your DNA," MyGenomeBox, https://www.mygenomebox.com.

17 "Amazon Prime Air," Amazon.com,https://www.amazon.com/Amazon-Prime-Air/b?ie=UTF8&node=8037720011; Annie Palmer, "Amazon Wins FAA Approval for Prime Air Drone Delivery Fleet," *CNBC*, August 31, 2020, https://www.cnbc.com/2020/08/31/amazon-prime-now-drone-delivery-fleet-gets-faa-approval.html.

18 Nicholas Epley and Juliana Schroeder, "Mistakenly Seeking Solitude," *Journal of Experimental Psychology: General* 143, no. 5 (October 2014): 1980, doi:10.1037/a0037323.

19 Stanley Milgram and John Sabini, "On Maintaining Social Norms: A Field Experiment in the Subway," in *Advances in Environmental Psychology, Vol. 1: The Urban Environment*, ed. Jerome E. Singer and Stuart Valins (Hillsdale, NJ: Erlbaum, 1978), 31–40.

20 Susanne Shultz, Christopher Opie, and Quentin D. Atkinson, "Stepwise Evolution of Stable Sociality in Primates," *Nature* 479 (2011): 219–222.

21 John M. Zelenski, Deanna C. Whelan, Logan J. Nealis, Christina M. Besner, Maya S. Santoro, and Jessica E. Wynn, "Personality and Affective Forecasting: Trait Introverts Underpredict the Hedonic Benefits of Acting Extraverted," *Journal of Personality and Social Psychology* 104, no. 6 (April 2013): 1092–1108, doi:10.1037/a0032281.

22 Holt-Lunstad, Smith, and Layton, "Social Relationships and Mortality Risk."

23 Ingibjorg E. Th orisdottir, Rannveig Sigurvinsdottir, Alfgeir L. Kristjansson, John P. Allegrante, Christa L. Lilly, and Inga Dora Sigfusdottir, "Longitudinal Association between Social Media Use and Psychological Distress among Adolescents," *Preventive Medicine* 1410 (December 2020): 106270, doi:10.1016/j.ypmed.2020.106270.

24 Brian A. Primack, Ariel Shensa, Jaime E. Sidani, Erin O. Whaite, Liu Yilin, Daniel Rosen, Jason B. Colditz, et al., "Social Media Use and Perceived Social Isolation among Young Adults in the US," *American Journal of Preventive Medicine* 53, no. 1 (March 2017): 1–8, doi: 10.1016/j.amepre.2017.01.010.

25 Melissa G. Hunt, Rachel Marx, Courtney Lipson, and Jordyn Young, "No More FOMO: Limiting Social Media Decreases Loneliness and Depression," *Journal of Social and Clinical Psychology* 37, no. 10 (December 2018): 751–768, doi: 10.1521/jscp.2018.37.10.751.

26 Jonathan Haidt and Jean Twenge, "Social Media Use and Mental Health: A Review" (unpublished manuscript, New York University, 2019).

27 Ethan Kross, Philippe Verduyn, Gal Sheppes, Cory K. Costello, John Jonides, and Oscar Ybarra, "Social Media and Well-Being: Pitfalls, Progress, and Next Steps," *Trends in Cognitive Sciences* 25, no. 1 (November 2020): 55–66, doi: 10.1016/j.tics.2020.10.005.

28 Gary M. Cooney, Kerry Dwan, Carolyn A. Greig, Debbie A. Lawlor, Jane Rimer, Fiona R. Waugh, Marion McMurdo, and Gillian E. Mead, "Exercise for Depression," *Cochrane Database of Systematic Reviews* 9 (September 2013), CD004366, doi: 10.1002/14651858.CD004366.pub6.

29 Lauren J. N. Brent, Steve W. C. Chang, Jean-François Gariépy, and Michael L. Platt, "The Neuroethology of Friendship," *Annals of the New York Academy of Sciences* 1316, no. 1 (December 2013): 1–17, doi: 10.1111/nyas.12315.

30 Robin I. M. Dunbar, "The Social Brain Hypothesis," *Evolutionary Anthropology* 6, no. 5 (December 1998): 178–190, https://doi.org/10.1002/(SICI)1520-6505(1998)6:5<178::AID-

EVAN5>3.0.CO;2-8.

31 Suzanne N. Haber, "Neuroanatomy of Reward: A View from the Ventral Striatum," in *Neurobiology of Sensation and Reward*, ed. Jay A. Gottfried and Jay A. Gottfried (Boca Raton, FL: CRC Press, 2011), 235–261.

32 Mattie Tops, Sander L. Koole, Hans Ijzerman, and Femke T. A. BusmanPijlman, "Why Social Attachment and Oxytocin Protect against Addiction and Stress: Insights from the Dynamics between Ventral and Dorsal Corticostriatal Systems," *Pharmacology, Biochemistry and Behavior* 119 (April 2014): 39–48, doi: 10.1016/j.pbb.2013.07.015.

33 Ed Diener, Martin E. P. Seligman, Hyewon Choi, and Shigehiro Oishi, "Happiest People Revisited," *Perspectives on Psychological Science* 13, no. 2 (March 2018): 176–184, doi: 10.1177/1745691617697077.

34 Bianca DiJulio, Liz Hamel, Cailey Muñana, and Mollyann Brodie, "Loneliness and Social Isolation in the United States, the United Kingdom, and Japan: An International Survey," Kaiser Family Foundation, August 30, 2018, https://www.kff.org/other/report/loneliness-and-social-isolation-in-the-united-states-the-united-kingdom-and-japan-an-international-survey.

35 Emily A. Kuhl, "Quantifying the Cost of Depression," Center for Workplace Mental Health, American Psychiatric Association, http://www.workplacementalhealth.org/Mental-Health-Topics/Depression/Quantifying-the-Cost-of-Depression.

36 "The Cost of Loneliness Project," Cost of Loneliness Project, https://www.thecostofloneliness.org; Julianne Holt-Lunstad, "So Lonely I Could Die," Parenting, Family, and Relationships, American Psychological Association, August 5, 2017, https://www.apa.org/news/press/releases/2017/08/lonely-die.

37　Beth Gillette, "I Tried Bumble BFF for 30 Days— Here's What Happened," Every Girl, October 4, 2018, https://theeverygirl.com/i-tried-bumble-bff-for-30-days-heres-what-happened.

38　"Family Romance," Family Romance, http://family-romance.com/; Roc Morin, "How to Hire Fake Friends and Family," Atlantic, November 7, 2017, https://www.theatlantic.com/family/archive/2017/11/paying-for-fake-friends-and-family/545060.

39　Kelly Campbell, Nicole Holderness, and Matt Riggs, "Friendship Chemistry: An Examination of Underlying Factors," *Social Science Journal* 52, no. 2 (December 2019): 239–247. doi:10.1016/j.soscij.2015.01.005.

40　Jean-Luc Bouchard, "I Paid $47 an Hour for Someone to Be My Friend," *Vox*, last modified July 1, 2019, https://www.vox.com/the-highlight/2019/6/24/18701140/rent-a-friend-friendship-loneliness-platonic-relationships.

第四章　网络生存指南

1　Phillip Steadman, "Samuel Bentham's Panopticon," *Journal of Bentham Studies* 14, no. 1 (January 2012): 1–30, doi:10.14324/111.2045-757X.044.

2　Alberto Romele, Francesco Gallino, Camilla Emmenegger, and Daniele Gorgone, "Panopticism Is Not Enough: Social Media as Technologies of Voluntary Servitude," *Surveillance and Society* 15, no. 2 (February 2017): 204–221, https://doi.org/10.24908/ss.v15i2.6021.

3　David Lyon, "Surveillance, Snowden, and Big Data: Capacities, Consequences, Critique," *Big Data and Society* (July 2014): 1–13, https://doi.org/10.1177/2053951714541861; Nicholas Confessore, "Cambridge Analytica and Facebook: The Scandal and the Fallout So Far," *New York Times*, April 4, 2018, https://www.nytimes.com/2018/04/04/us/politics/cambridge-analytica-scandal-fallout.html; Paolo Zialcita, "Facebook Pays $643,000 Fine for Role in Cambridge Analytica Scandal," *NPR*, October 30, 2019, https://www.npr.org/2019/10/30/774749376/facebook-pays-643-000-fine-for-role-in-cambridge-analytica-scandal.

4   Ben Wolford, "What Is GDPR, the EU's New Data Protection Law?," Horizon 2020 Framework Programme of the European Union, https://gdpr.eu/what-is-gdpr.

5   Romele et al., "Panopticism Is Not Enough."

6   Stanely Cohen, *States of Denial: Knowing about Atrocities and Suffering* (Cambridge, UK: Polity Press, 2001).

7   Jacob Poushter, Caldwell Bishop, and Hanyu Chen, "Social Media Use Continues to Rise in Developing Countries, but Plateaus across Developed Ones," Pew Research Center, June 19, 2018, https://www.pewresearch.org/global/2018/06/19/3-social-network-adoption-varies-widely-by-country.

8   Michael Winnick, "Putting a Finger on Our Phone Obsession," dscout(blog), June 16, 2016, https://blog.dscout.com/mobile-touches.

9   Brandon T. McDaniel and Sarah Coyne, "'Technoference': The Interference of Technology in Couple Relationships and Implications for Women's Personal and Relational Wellbeing," *Psychology of Popular Media Culture* 5, no. 1 (December 2014): 85–98, doi:10.1037/ppm0000065; James A. Roberts and Meredith E. David, "My Life Has Become a Major Distraction from My Cell Phone:

Partner Phubbing and Relationship Satisfaction among Romantic Partners," *Computers in Human Behavior* 54 (January 2016): 134–141, doi: 10.1016/j.chb.2015.07.058.

10 Daniel Halpern and James E. Katz, "Texting's Consequences for Romantic Relationships: A Cross-Lagged Analysis Highlights Its Risks," *Computers in Human Behavior* 71 (June 2017): 386–394, https://doi.org/10.1016/j.chb.2017.01.051; Hanna Krasnova, Olga Abramova, Isabelle Notter, and Annika Baumann, "Why Phubbing Is Toxic for Your Relationship: Understanding the Role of Smartphone Jealousy among 'Generation Y' Users" (paper presented at the twenty-fourth European Conference on Information Systems, Istanbul, June 2016); Xingchao Wang, Xiaochun Xie, Yuhui Wang, and Pengcheng Wang, "Partner Phubbing and Depression among Married Chinese Adults: The Roles of Relationship Satisfaction and Relationship Length," *Personality and Individual Differences* 110 (May 2017): 12–17, doi: 10.1016/j.paid.2017.01.014.

11 Brandon T. McDaniel and Michelle Drouin, "Daily Technology Interruptions and Emotional and Relational Well-Being," *Computers in Human Behavior* 99 (October 2019): 1–8, doi: 10.1016/j.chb.2019.04.027.

12 Norman K. Denzin, *Symbolic Interactionism and Cultural Studies: The Politics of Interpretation* (Cambridge, MA: Blackwell, 2008).

13 Mariek Vanden Abeele, Marjolijn L. Antheunis, and Alexander P. Schouten, "The Effect of Mobile Messaging during a Conversation on Impression Formation and Interaction Quality," *Computers in Human Behavior* 62 (September 2016): 562–569.

14 John W. Thibault and Harold H. Kelley, *The Social Psychology of Groups* (New York: Wiley, 1959).

15 *The Social Dilemma*, Exposure Labs, https://www.thesocialdilemma.com.
16 Jean M. Twenge, Thomas E. Joiner, Megan L. Rogers, and Gabrielle N. Martin, "Increases in Depressive Symptoms, Suicide-Related Outcomes, and Suicide Rates among U.S. Adolescents after 2010 and Links to Increased New Media Screen-Time," *Clinical Psychological Science* 6, no. 1 (November 2017): 3–17; Jean M. Twenge, Gabrielle N. Martin, and W. Keith Campbell, "Decreases in Psychological Well-Being among American Adolescents after 2012 and Links to Screen-Time during the Rise of Smartphone Technology," *Emotion* 18, no. 6 (January 2018): 765–780, doi:10.1037/emo0000403.
17 Rose Maghsoudi, Jennifer Shapka, and Pamela Wisniewski, "Examining How Online Risk Exposure and Online Social Capital Influence Adolescent Psychological Stress," *Computers in Human Behavior* 113 (December 2020): 106488, doi:10.1016/j.chb.2020.106488; Melissa G. Hunt, Jordyn Young, Rachel Marx, and Courtney Lipson "No More FOMO: Limiting Social Media Decreases Loneliness and Depression," *Journal of Social and Clinical Psychology* 37, no. 10 (December 2018): 751–768, https://doi.org/10.1521/jscp.2018.37.10.751;Madeleine J. George, "Concurrent and Subsequent Associations between Daily Digital Technology Use and High-Risk Adolescents' Mental Health Symptoms," *Child Development* 89, no. 1 (May 2017): 78–88, doi:10.1111/cdev.12819.
18 Amy Orben and Andrew K. Przybylski, "The Association between Adolescent Well-Being and Digital Technology Use," *Nature Human Behaviour* 3, no. 2 (February 2019): 173–182, doi:10.1038/s41562-018-0506-1; Rebecca Nowland, Elizabeth A. Necka, and John T. Cacioppo, "Loneliness and Social Internet Use: Pathways to Reconnection in

a Digital World?," *Perspectives on Psychological Science* 13, no 1. (September 2017): 70-87, doi: 10.1177/1745691617713052.

19　Lisa F. Berkman and S. Leonard Syme, "Social Networks, Host Resistance, and Mortality: A Nine-Year Follow-up of Alameda County Residents," *American Journal of Epidemiology* 109, no. 2 (February 1979): 186-204, https://doi.org/10.1093/oxfordjournals.aje.a112674.

20　Sheldon Cohen, William J. Doyle, David P. Skoner, Bruce S. Rabin, and Jack M. Gwaltney Jr., "Social Ties and Susceptibility to the Common Cold," *Journal of the American Medical Association* 277, no. 24 (June 1997): 1940-1944.

21　Sheldon Cohen, "Social Network Index," http://www.midss.org/sites/default/files/social_network_index.pdf.

22　Nicole B. Ellison, Charles Steinfield, and Cliff Lampe, "The Benefits of Facebook 'Friends': Exploring the Relationship between College Students' Use of Online Social Networks and Social Capital," *Journal of Computer Mediated Communication* 12, no. 3 (July 2007): 1143-1168, https://doi.org/10.1111/j.1083-6101.2007.00367.x; Nan Lin, *Social Capital: A Theory of Social Structure and Action* (New York: Cambridge University Press, 2001).

23　Rose Maghsoudi, Jennifer Shapka, and Pamela Wisniewski, "Examining How Online Risk Exposure and Online Social Capital Influence Adolescent Psychological Stress," *Computers in Human Behavior* 113 (December 2020): 106488, doi: 10.1016/j.chb.2020.106488.

24　Thomas Ashby Wills, "Social Support and Interpersonal Relationships," *Review of Personality and Social Psychology* 12 (1991): 265-289; Sheldon Cohen and S. Leonard Syme, *Social Support and Health* (New York: Academic, 1985); James S. House, "Social Support and Social

Structure," *Sociological Forum* 2, no. 1 (1987): 135–146, http://dx.doi.org/10.1007/BF01107897.

25 Sheldon Cohen and Garth McKay, "Social Support, Stress, and the Buffering Hypothesis: A Theoretical Analysis,in *Handbook of Psychology and Health*, ed. Shelley E. Taylor, Jerome Singer, and Andrew Baum (Abingdon, UK: Routledge, 1984), 253–268; Stephanie L. Brown, Randolph M. Nesse, Amiram D. Vinokur, and Dylan M. Smith, "Providing Social Support May Be More Beneficial Than Receiving It: Results from a Prospective Study of Mortality," *Psychological Science* 14, no. 4 (July 2003): 320–327, doi: 10.1111/1467-9280.14461; Ralf Schwarzer and Anja Leppin, "Social Support and Health: A Meta-Analysis," *Psychology and Health* 3, no. 1 (August 1988): 1–15, doi: 10.1080/08870448908400361; Faith Ozbay, Douglas C. Johnson, Eleni Dimoulas, C. A. Morgan III, Dennis Charney, and Steven Southwick, "Social Support and Resilience to Stress: From Neurobiology to Clinical Practice," *Psychiatry* 4, no. 5 (May 2007): 35–40; James S. House, Karl R. Landis, and Debra Umberson, "Social Relationships and Health," *Science* 241, no. 4865 (July 1988): 540–545, doi: 10.1126/science.3399889; Candyce H. Kroenke, Laura D. Kubzansky, Eva S. Schernhammer, Michelle D. Holmes, and Ichiro Kawachi, "Social Networks, Social Support, and Survival after Breast Cancer Diagnosis," *Journal of Clinical Oncology* 24, no. 7 (March 2006), 1105–1111, doi: 10.1200/JCO.2005.04.2846.

26 Catherine A. Heany and Barbara A. Israel, "Social Networks and Social Support," in *Health Behavior and Health Education: Theory, Research and Practice*, 3rd ed., ed. Karen Glanz, Barbara K. Rimer, and K. Viswanath (San Francisco: Jossey-Bass Publishing, 2002),

189-210.

27 Mufan Luo and Jeffrey T. Hancock, "Self-Disclosure and Social Media: Motivations, Mechanisms and Psychological Well-Being," *Current Opinion in Psychology* 31 (February 2020): 110–115. doi:10.1016/j.copsyc.2019.08.019.

28 Trevor Haynes, "Dopamine, Smartphones and You: A Battle for Your Time," Graduate School of Arts and Sciences, Harvard University, Science in the News, http://sitn.hms.harvard.edu/flash/2018dopamine-smartphones-battle-time.

29 Irving Biederman and Edward A. Vessel, "Perceptual Pleasure and the Brain," *American Scientist* 94, no. 3 (May 2006): 247, doi:10.1511/2006.3.247.

30 Marie Kondo, *Life-Changing Magic of Tidying Up* (Berkeley, CA: Ten Speed Press, October 2014).

31 Julie Tseng and Jordan Poppenk, "Brain Meta-State Transitions Demarcate Thoughts across Task Contexts Exposing the Mental Noise of Trait Neuroticism," *Nature Communications* 11 (July 2020): 3480, https://doi.org/10.1038/s41467-020-17255-9.

32 Susan Nolen-Hoeksema, "The Role of Rumination in Depressive Disorders and Mixed Anxiety/Depressive Symptoms," *Journal of Abnormal Psychology* 109, no. 3 (July 2000): 504–511, doi:10.1037/0021-843X.109.3.504.

33 Alexander M. Penney, Victoria C. Miedema, and Dwight Mazmanian, "Intelligence and Emotional Disorders: Is the Worrying and Ruminating Mind a More Intelligent Mind?," *Personality and Individual Differences* 74 (February 2015): 90–93, doi:10.1016/j.paid.2014.10.005.

34 Belgin Ünal and Miri Besken, "Blessedly Forgetful and Blissfully

Unaware: A Positivity Bias in Memory for (Re)constructions of Imagined Past and Future Events," *Memory* 28, no. 7 (August 2020): 888–899, doi: 10.1080/09658211.2020.1789169.

35 Margaret W. Matlin and David J. Stang, *The Pollyanna Principle: Selectivity in Language, Memory, and Thought* (Cambridge, MA: Schenkman, 1978).

36 Margaret W. Matlin and Valerie J. Gawron, "Individual Differences in Pollyannaism," *Journal of Personality Assessment* 43, no. 4 (June 2010): 411–412, doi: 10.1207/s15327752jpa4304_14.

37 Jesse Fox and Bree McEwan, "Distinguishing Technologies for Social Interaction: The Perceived Social Affordances of Communication Channels Scale," *Communication Monographs* 84, no. 3 (June 2017): 298–318, doi: 10.1080/03637751.2017.1332418.

38 Bridget Pujals and Manik Singh, "Swipe Up! Discover Vanish Mode for Messenger and Instagram," Messenger News, Facebook, November *12*, 2020, https://messengernews.fb.com/2020/11/12/swipe-up-discover-vanish-mode-for-messenger-and-instagram.

39 Albert Bandura, *Social Learning Theory* (Saddle River, NJ: Prentice Hall, 1977).

40 Abraham Maslow, "A Theory of Human Motivation," *Psychological Review* 50, no. 4 (1943): 370–396, doi: 10.1037/h0054346.

41 Charles R. Berger and James J. Bradac, *Language and Social Knowledge: Uncertainty in Interpersonal Relations* (London: Edward Arnold, 1982); Charles R. Berger and Richard J. Calabrese, "Some Explorations in Initial Interaction and Beyond: Toward a Developmental Theory of Interpersonal Communication," *Human Communication Research* 1, no. 2 (January 1975): 99–112, doi: 10.1111/j.1468-2958.1975.

tb00258.x.
42 Leah E. LeFebvre and Xiaoti Fan, "Ghosted?: Navigating Strategies for Reducing Uncertainty and Implications Surrounding Ambiguous Loss," *Personal Relationships* 27, no. 2 (June 2020): 433–459, doi: 10.1111/pere.12322.
43 Arie W. Kruglanski, "Motivations for Judging and Knowing: Implications for Causal Attribution," in *Handbook of Motivation and Cognition: Foundations of Social Behavior, Vol. 2,* ed. E. Tory Higgins and Richard M. Sorrentino (New York: Guilford Press, 1990), 333–368.
44 Megan Johnson, "YJ Tried It: Dopamine Fasting Helped Me Appreciate the Present," *Yoga Journal,* September 13, 2020, https://www.yogajournal.com/lifestyle/dopamine-fasting-to-appreciate-the-present; Nellie Bowles, "How to Feel Nothing Now, in Order to Feel More Later," *New York Times,* November 7, 2019, https://www.nytimes.com/2019/11/07/style/dopamine-fasting.html.

第五章 约会生存指南

1 Emily A. Vogels, "10 Facts about American and Online Dating," Pew Research Center, February 6, 2020, https://www.pewresearch.org/fact-tank/2020/02/06/10-facts-about-americans-and-online-dating.
2 Ángel Castro and Juan Ramón Barrada, "Dating Apps and Their Sociodemographic and Psychosocial Correlates: A Systematic Review," *International Journal of Environmental Research and Public Health* 17, no. 18 (September 2020): 6500, https://doi.org/10.3390/ijerph17186500.

3 Monica Anderson, Emily A. Vogels, and Erica Turner, "The Virtues and Downsides of Online Dating," Pew Research Center,February 6, 2020,https://www. pewresearch.org/internet/2020/02/06/the-virtues-and-downsides-of-online-dating.

4 Donn E. Byrne, *The Attraction Paradigm* (New York: Academic, 1971).

5 Yoram Weiss and Robert Willis, "Match Quality, New Information, and Marital Dissolution," *Journal of Labor Economics* 15, no. 1 (1997): 293–329, https://EconPapers.repec.org/RePEc:ucp:jlabec:v:15:y: 1997:i:1:p:s293-329; Robert D. Mare, "Five Decades of Educational Assortative Mating," *American Sociological Review* 56, no. 1 (February 1991): 15–32, doi:10.2307/2095670.

6 Gian C. Gonzaga, Steve Carter, and J. Galen Buckwalter, "Assortative Mating, Convergence, and Satisfaction in Married Couples," *Personal Relationships* 17, no. 4 (November 2010): 634–644, doi:10.1111/j.1475-6811.2010.01309.x.

7 Malcom Brynin, Siometta Longhi, and Álvaro Martínez Pérez, "The Social Significance of Homogamy," ISER Working Papers 2008–32, Institute for Social and Economic Research, Essex, UK.

8 Christine R. Schwartz and Robert D. Mare, "Trends in Educational Assortative Marriage from 1940 to 2003," *Demography* 42 (November 2005): 621–646.

9 Brynin, Longhi, and Martínez Pérez, "The Social Significance of Homogamy."

10 Huiping Zhang, Petula S. Y. Ho, and Paul S. F. Yip, "Does Similarity Breed Marital and Sexual Satisfaction?," *Journal of Sex Research* 49, no. 6 (September 2012): 583–593, doi:10.1080/00224499.2011.574240.

11 Yue Qian, "Gender Asymmetry in Educational and Income Assortative

Marriage," *Journal of Marriage and Family* 79, no. 2 (September 2016): 318-336, doi: 10.1111/jomf.12372.

12 Marianne Bertrand, Emir Kamenica, and Jessica Pan, "Gender Identity and Relative Income within Households," *Quarterly Journal of Economics* 130, no. 2 (May 2015): 571-614,https://doi.org/10.1093/qje/qjv001.

13 Lingshan Zhang, Anthony J. Lee, Lisa M. DeBruine, and Benedict C. Jones, "Are Sex Differences in Preferences for Physical Attractiveness and Good Earning Capacity in Potential Mates Smaller in Countries with Greater Gender Equality?," *Evolutionary Psychology* 17, no. 2 (April 2019): 31146580, doi: 10.1177/1474704919852921.

14 David M. Buss and David P. Schmitt, "Sexual Strategies Theory: An Evolutionary Perspective on Human Mating," *Psychological Review* 100, no. 2 (1993): 204-232, https://doi.org/10.1037/0033-295X.100.2.204; Norman P. Li, J. Michael Bailey, Douglas T. Kenrick, and Joan A. W. Linsenmeier, "The Necessities and Luxuries of Mate Preferences: Testing the Tradeoffs," *Journal of Personality and Social Psychology* 82, no. 6 (2002): 947-955.

15 David M. Buss and Todd K. Shackelford, "Attractive Women Want It All: Good Genes, Economic Investment, Parenting Proclivities, and Emotional Commitment," *Evolutionary Psychology* 6, no. 1 (January 2008): 134, doi: 10.1177/147470490800600116.

16 David Ong, "Education and Income Attraction: An Online Dating Field Experiment," *Applied Economics* 48, no. 19 (November 2015): 1816-1830, doi: 10.1080/00036846.2015.1109039.

17 Brecht Neyt, Sarah Vandenbulcke, and Stijn Baert, "Are Men Intimidated by Highly Educated Women? Undercover on Tinder," *Economics of Edu-*

cation Review 73 (December 2019): 101914, https://doi.org/10.1016/j.econedurev.2019.101914.
18 Heather Tonnessen, ed., "Astronaut Jonny Kim," NASA, last modified June 2, 2020, https://www.nasa.gov/astronauts/biographies/jonny-kim/biography.
19 Neyt, Vandenbulcke, and Baert, "Are Men Intimidated by Highly Educated Women?," 10.
20 与艾拉的个人访谈，2020年11月24日。
21 Barry Schwartz, The Paradox of Choice: Why More Is Less (New York: Harper Perennial, 2004).
22 Sheena S. Iyengar and Mark R. Lepper, "When Choice Is Demotivating: Can One Desire Too Much of a Good Thing?," Journal of Personality and Social Psychology 79, no. 6 (January 2001): 995–1006, doi:10.1037/0022-3514.79.6.995.
23 Nancy H. Brinson and Kathrynn R. Pounders, "Match Me If You Can: Online Dating and the Paradox of Choice" (paper presented at the AMA Winter Educators' Conference, Austin, TX, January 2019); Pai-Lu Wu and Wen-Bin Chiou, "More Options Lead to More Searching and Worse Choices in Finding Partners for Romantic Relationships Online: An Experimental Study," CyberPsychology and Behavior 12, no. 3 (June 2009): 315–318, doi:10.1089/cpb.2008.0182; Ian Kwok and Annie B. Wescott, "Cyberintimacy: A Scoping Review of Technology-Mediated Romance in the Digital Age," Cyberpsychology, Behavior, and Social Networking 23, no.10 (October 2020): 657–666, http://doi.org/10.1089/cyber.2019.0764.
24 Mu-Li Yang and Wen-Bin Chiou, "Looking Online for the Best Romantic Partner Reduces Decision Quality: The Moderating Role of Choice

Making Strategies," *Cyberpsychology, Behavior, and Social Networking* 13, no. 2 (April 2010): 207–210, doi: 10.1089/cyber.2009.0208.

25 Leo Tolstoy, *Anna Karenina* (New York: P. F. Collier and Son, 1917), https://www.bartleby.com/317/1/704.html

26 Daryl J. Bem, "Feeling the Future: Experimental Evidence for Anomalous Retroactive Influences on Cognition and Affect," *Journal of Personality and Social Psychology* 100, no. 3 (March 2011): 407–425, doi: 10.1037/a0021524.

27 Charles M. Judd, and Bertram Gawronski, "Editorial Comment," *Journal of Personality and Social Psychology* 100, no. 3 (March 2011): 406, doi: 10.1037/0022789.

28 Daryl Bem, Patrizio E. Tressoldi, Thomas Rabeyron, and Michael Duggan, "Feeling the Future: A Meta-Analysis of 90 Experiments on the Anomalous Anticipation of Random Future Events," *F1000 Research* 4 (October 2015): 1188, doi: 10.12688/f1000research.7177.1.

29 Etzel Cardeña, "The Experimental Evidence for Parapsychological Phenomena: A Review," *American Psychologist* 73, no. 5 (July 2018): 663–677, doi: 10.1037/amp0000236.

30 Daryl Bem, "Self-Perception Theory," in *Advances in Experimental Social Psychology*, ed. Leonard Berkowitz (New York: Academic Press, 1972), 1–62.

31 Lauri Nummenmaa, Riitta Hari, Jari K. Hietanen, and Enrico Glerean, "Maps of Subjective Feelings," *Proceedings of the National Academy of Sciences of the United States of America* 115, no. 37 (September 2018): 9198–9203, https://doi.org/10.1073/pnas.1807390115; Sofia Volynets, Enrico Glerean, Jari K. Hietanen, Riitta Hari, and Lauri Nummenmaa, "Bodily Maps of Emotions Are Culturally Universal," *Emotion* 20, no. 7

(October 2020): 1127-1136, doi: 10.1037/emo0000624.supp.
32 Sofia Volynets et al., "Bodily Maps of Emotions."
33 Walter Mischel, *The Marshmallow Test: Mastering Self-Control* (New York: Little, Brown and Company, 2014).
34 Walter Mischel, *Personality and Assessment* (New York: Wiley, 1968).
35 Anderson, Vogels, and Turner, "The Virtues and Downsides of Online Dating."
36 Nadav Klein and Ed O' Brien, "People Use Less Information than They Think to Make Up Their Minds," *Proceedings of the National Academy of Sciences of the United States of America* 115, no. 52 (December 2018): 13222-13227, doi: 10.1073/pnas.1805327115.
37 Stephanie Ortigue, Francesco Bianchi-Demicheli, Nisa Patel, Chris Frum, and James W. Lewis, "Neuroimaging of Love: fMRI Meta-analysis Evidence toward New Perspectives in Sexual Medicine," *Journal of Sexual Medicine* 7, no. 11 (August 2010): 3541-3552, doi: 10.1111/j.1743-6109.2010.01999.x.
38 Anderson, Vogels, and Turner, "The Virtues and Downsides of Online Dating."
39 United States Census Bureau, *America's Families and Living Arrangements: 2018*, November 2018, https://www.census.gov/data/tables/2018/demo/families/cps-2018.html.
40 A. W. Geiger and Gretchen Livingston, "8 Facts about Love and Marriage in America," Pew Research Center, February 13, 2019, https://www.pewresearch.org/fact-tank/2019/02/13/8-facts-about-love-and-marriage.
41 UN Women, *Progress of the World's Women 2019–2020: Families in a Changing World*, 2020, https://www.unwomen.org/en/digital-library/

progress-of-the-worlds-women?y=2019&y=2019; Geiger and Livingston, "8 Facts about Love and Marriage."
42 Harold H. Kelley and John W. Thibaut, *Interpersonal Relations: A Theory of Interdependence* (New York: Wiley, 1978).
43 Caryl E. Rusbult, "Commitment and Satisfaction in Romantic Associations: A Test of the Investment Model," *Journal of Experimental Social Psychology* 16, no. 2 (March 1980): 172–186, doi:10.1016/0022-1031(80)90007-4.
44 Michelle Drouin, Daniel A. Miller, and Jayson L. Dibble, "Facebook Or Memory—Which Is the Real Threat to Your Relationship?," *Cyberpsychology, Behavior, & Social Networking* 18, no. 10 (October 2015): 561–566, doi:10.1089/cyber.2015.0259

第六章　婚姻生存指南

1 Caryl E. Rusbult, Christopher R. Agnew, and Ximena B. Arriaga, "The Investment Model of Commitment Processes," in *Handbook of Theories of Social Psychology*, ed. Paul A. M. Van Lange, Arie W. Kruglanski, and E. Tony Higgins (Thousand Oaks, CA: Sage Publications, 2012), 218–231.
2 Lindsay T. Labrecque and Mark A. Whisman, "Attitudes toward and Prevalence of Extramarital Sex and Descriptions of Extramarital Partners in the 21st Century," *Journal of Family Psychology* 31, no. 7 (May 2017): 952–957, doi:10.1037/fam0000280.
3 Michelle Drouin, "Sexting," *Encyclopedia Brittanica*, December 5, 2018, https://www.britannica.com/topic/sexting.
4 Adam M. Galovan, Michelle Drouin, and Brandon T. McDaniel, "Sexting

Profiles in the United States and Canada," *Computers in Human Behavior* 79, no. C (February 2018): 19–29, doi:10.1016/j.chb.2017.10.017.

5   Ashley E. Thompson and Lucia F. O'Sullivan, "Drawing the Line: The Development of a Comprehensive Assessment of Infidelity Judgments," *Journal of Sex Research* 53, no. 8 (November 2015): 910–926, doi:10.1080/00224499.2015.1062840

6   Emily A. Vogels and Monica Anderson, "Dating and Relationships in the Digital Age," Pew Research Center, May 8, 2020, https://www.pewresearch.org/internet/2020/05/08/dating-and-relationships-in-the-digital-age; Jason Dibble, J. Banas, and Michelle Drouin, "Communication and Romantic Alternatives: Keeping Ex-Partners on the Back Burner" (unpublished manuscript, December 2020).

7   Brandon T. McDaniel, Michelle Drouin, and Jaclyn D. Cravens, "Do You Have Anything to Hide? Infidelity-Related Behaviors on Social Media Sites and Marital Satisfaction," *Computers in Human Behavior* 66 (January 2017): 88–95, https://doi.org/10.1016/j.chb.2016.09.031.

8   James Sexton, "Divorce Lawyer: Facebook Is a Cheating Machine," *Time*, March 26, 2018, https://time.com/5208108/facebook-cheating-infidelity-divorce.

9   "Marriage and Unions," Department of Economic and Social Affairs, United Nations, https://www.un.org/en/development/desa/population/theme/marriage-unions/index.asp.

10   "Changing Patterns of Marriage and Unions across the World," Department of Economic and Social Affairs, United Nations, https://www.un.org/en/development/desa/population/publications/factsheets/index.asp.

11   Natalie Nitsche and Sarah R. Hayford, "Preferences, Partners, and

Parenthood: Linking Early Fertility Desires, Marriage Timing, and Achieved Fertility," *Demography* 57, no. 6 (December 2020): 1975–2001, doi:10.1007/s13524-020-00927-y.

12 John Casterline and Han Siqi, "Unrealized Fertility: Fertility Desires at the End of the Reproductive Career," *Demographic Research* 36, no. 14 (January 2017): 427–454, doi:10.4054/DemRes.2017.36.14.

13 Tomáš Sobotka and Éva Beaujouan, "Two Is Best? The Persistence of a Two-Child Family Ideal in Europe," *Population and Development Review* 40, no. 3 (September 2014): 391–419, https://doi.org/10.1111/j.1728-4457.2014.00691.x.

14 Gretchen Livingston, "They're Waiting Longer, but U.S. Women Today More Likely to Have Children than a Decade Ago," Pew Research Center, https://www.pewresearch.org/social-trends/2018/01/18/theyre-waiting-longer-but-u-s-women-today-more-likely-to-have-children-than-a-decade-ago.

15 "Infertility," National Center for Health Statistics, Centers for Disease Control and Prevention, https://www.cdc.gov/nchs/fastats/infertility.htm; "Global Prevalence of Infertility, Infecundity and Childlessness," Sexual and Reproductive Health, World Health Organization, https://www.who.int/reproductivehealth/topics/infertility/burden/en.

16 Jennifer Glass, Robin W. Simon, and Matthew A. Andersson, "Parenthood and Happiness: Effects of Work-Family Reconciliation Policies in 22 OECD Countries," *American Journal of Sociology* 122, no. 3 (November 2016): 886–929, doi:10.1086/688892.

17 Debra Umberson, "Gender, Marital Status, and the Social Control of Health Behavior," *Social Science and Medicine* 34, no. 8 (April 1992): 907–917, https://doi.org/10.1016/0277-9536(92)90259-S.

18 Linda Waite and Maggie Gallagher, *The Case for Marriage: Why Married People Are Happier, Healthier, and Better Off Financially* (New York: Doubleday, 2001).

19 Jody VanLaningham, David R. Johnson, and Paul Amato, "Marital Happiness, Marital Duration and the U-Shaped Curve: Evidence from a Five-Wave Panel Study," *Social Forces* 79, no. 4 (June 2001): 1313–1341, doi:10.1353/sof.2001.0055.

20 Thibault and Kelley, *Social Psychology of Groups*.

21 Robert J. Sternberg, "Duplex Theory of Love: Triangular Theory of Love and Theory of Love as a Story," http://www.robertjsternberg.com/love.

22 Cyrille Feybesse and Elaine Hatfield, "Passionate Love," in *The New Psychology of Love*, 2nd ed., ed.Robert J. Sternberg and Karin Sternberg (Cambridge: Cambridge University Press, 2019), 183–207.

23 Robert J. Sternberg, "A Triangular Theory of Love," *Psychological Review* 93, no. 2 (1986): 119–135, https://doi.org/10.1037/0033-295X.93.2.119.

24 Piotr Sorokowski, Agnieszka Sorokowska, Maciej Karwowski, Agata Groyecka, Toivo Aavik, Grace Akello, Charlotte Alm, et al., "Universality of the Triangular Theory of Love: Adaptation and Psychometric Properties of the Triangular Love Scale in 25 Countries," *Journal of Sex Research* 58, no. 1 (August 2020): 106–115, doi:10.1080/00224499.2020.1787318.

25 Gian C. Gonzaga, "Romantic Love and Sexual Desire in Close Relationships," *Emotion* 6, no. 2 (2006): 163–179: https://doi.org/10.1037/1528-3542.6.2.163; Elaine Hatfield and Richard L. Rapson, "Passionate Love, Sexual Desire, and Mate Selection: Cross-Cultural and Historical Perspectives," in *Close Relationships: Func-*

tions, Forms and Processes, ed. Patricia Noller and Judeith A. Feeney (Oxfordshire, UK: Psychology Press, 2006), 227-243.

26　James K. McNulty, Carolyn A. Wenner, and Terri D. Fisher, "Longitudinal Associations among Relationship Satisfaction, Sexual Satisfaction, and Frequency of Sex in Early Marriage," *Archives of Sexual Behavior* 45, no. 1 (December 2014): 85-97, doi: 10.1007/s10508-014-0444-6.

27　Trond Viggo Grøntvedt, Leif Edward Ottesen Kennair, and Mons Bendixen, "How Intercourse Frequency Is Affected by Relationship Length, Relationship Quality, and Sexual Strategies Using Couple Data," *Evolutionary Behavioral Sciences* 14, no. 2 (April 2019): 147-159, doi: 10.1037/ebs0000173.

28　E. Sandra Byers and Larry Heinlein, "Predicting Initiations and Refusals of Sexual Activities in Married and Cohabiting Heterosexual Couples," *Journal of Sex Research* 26, no. 2 (1989): 210-231, http://dx.doi.org/10.1080/00224498909551507

29　Amelia Karraker, John DeLamater, and Christine R. Schwartz, "Sexual Frequency Decline from Midlife to Later Life," *Journals of Gerontology: Series B* 66B, no. 4 (July 2011): 502-512, doi: 10.1093/geronb/gbr058.

30　Donald G. Dutton and Arthur P. Aron, "Some Evidence for Heightened Sexual Attraction under Conditions of High Anxiety," *Journal of Personality and Social Psychology* 30, no. 4 (November 1974): 510-517, doi: 10.1037/h0037031.

31　Vaughn Call, Susan Sprecher, and Pepper Schwartz, "The Incidence and Frequency of Marital Sex in a National Sample," *Journal of Marriage and the Family* 57, no. 3 (August 1995): 639-652, http://dx.doi.org/10.2307/353919.

32　Colette Hickman-Evans, Jesse P. Higgins, Ty Aller, Joy Chavez, and Kathy W. Piercy, "Newlywed Couple Leisure: Couple Identity Formation through Leisure Time," *Marriage and Family Review* 54, no. 2 (March 2017): 105–127, doi:10.1080/01494929.2017.1297756.

33 Michelle Drouin and Brandon T. McDaniel, "Technology Use during Couples' Bedtime Routines, Bedtime Satisfaction, and Associations with Individual and Relational Well-being," *Journal of Social and Personal Relationships*, February 10, 2021, https://doi.org/10.1177/0265407521991925.

34 George Loewenstein, Tamar Krishnamurti, Jessica Kopsic, and Daniel McDonald, "Does Increased Sexual Frequency Enhance Happiness?," *Journal of Economic Behavior and Organization* 116 (August 2015): 206–218.

35 Bernie Zilbergeld and C. R. Ellison, "Desire Discrepancies and Arousal Problems in Sex Therapy," in *Principles and Practice of Sex Therapy*, ed. Sandra R. Leiblum and Lawrence A. Pervin (New York: Guilford Press, 1980), 65–106.

36 Marieke Dewitte, Joana Carvalho, Giovanni Corona, Erika Limoncin, Patrícia M. Pascoal, Yacov Reisman, and Aleksandar Štulhofer, "Sexual Desire Discrepancy: A Position Statement of the European Society for Sexual Medicine," *Sexual Medicine* 8, no. 2 (June 2020): 121–131, doi:10.1016/j.esxm.2020.02.008.

37 Giovanni Corona, Andrea M. Isidori, Antonio Aversa, Arthur L. Burnett, and Mario Maggi, "Endocrinologic Control of Men's Sexual Desire and Arousal/Erection," *Journal of Sexual Medicine* 13, no. 3 (March 2016): 317–337, doi:10.1016/j.jsxm.2016.01.007.

38 Byers and Heinlein, "Predicting Initiations and Refusals of Sexual Activities."

39 Megan E. McCool, Andrea Zuelke, Melissa A. Theurich, Helge Knuettel, Cristian Ricci, and Christian Apfelbacher, "Prevalence of Female Sexual Dysfunction among Premenopausal Women: A Systematic Review and Meta-analysis of Observational Studies," *Sexual Medicine Reviews* 4, no. 3 (July 2016): 197–212, doi: 10.1016/j.sxmr.2016.03.002.

40 Roy F. Baumeister, Kathleen R. Catanese, and Kathleen D. Vohs, "Is There a Gender Difference in Strength of Sex Drive? Theoretical Views, Conceptual Distinctions, and a Review of Relevant Evidence," *Personality and Social Psychology Review* 5, no. 3 (August 2001): 242–273, doi: 10.1207/S15327957PSPR0503_5.

41 R. C. Rosen, "Prevalence and Risk Factors of Sexual Dysfunction in Men and Women," *Current Psychiatry Reports* 2, no. 3 (June 2000): 189–195, doi: 10.1007/s11920-996-0006-2.

42 Gurit E. Birnbaum, "The Fragile Spell of Desire: A Functional Perspective on Changes in Sexual Desire across Relationship Development," *Personality and Social Psychology Review* 22, no. 2 (May 2018): 101–127, doi: 10.1177/1088868317715350.

43 Nicholas M. Grebe, Steven W. Gangestad, Christine E. Garver-Apgar, and Randy Thornhill, "Women's Luteal-Phase Sexual Proceptivity and the Functions of Extended Sexuality," *Psychological Science* 24, no. 10 (August 2013): 2106–2110, https://doi.org/10.1177/0956797613485965.

44 Elisa Ventura-Aquino, Alonso Fernández-Guasti, and Raúl G Paredes, "Hormones and the Coolidge Effect," *Molecular and Cellular Endocrinology* 467 (May 2018): 42–48, doi: 10.1016/j.mce.2017.09.01; Dennis F. Fiorino, Ariane Coury, and Anthony G. Phillips, "Dynamic Changes in Nucleus Accumbens Dopamine Efflux during the Coolidge Effect

in Male Rats," *Journal of Neuroscience* 17, no. 12 (June 1997): 4849–4855, https://doi.org/10.1523/JNEUROSCI.17-12-04849.1997.

45　Helen E. Fisher, "Lust, Attraction, and Attachment in Mammalian Reproduction," *Human Nature* 9, no. 1 (1998): 23–52, doi: 10.1007/s12110-998-1010-5.

46　Ogi Ogas and Sai Gaddam, *A Billion Wicked Thoughts: What the Internet Tells Us about Sex and Relationships* (New York: Plume, 2012).

47　"Robot Companion," Robot Companion, https://www.robotcompanion.ai.

48　Matthew Dunn, "Human-esque Sex Robots, Connected Toys and VR Are the Future of the Adult Industry," news.com.au, July 30, 2017, https://www.news.com.au/technology/innovation/design/humanesque-sex-robots-connected-toys-and-vr-are-the-future-of-the-adult-industry/news-story/f2b7e8eb091aea846bd0c1cf38c4488b.

第七章　老年生存指南

1　David M. Buss and David P. Schmitt, "Sexual Strategies Theory: An Evolutionary Perspective on Human Mating," *Psychological Review* 100, no. 2 (1993): 204–232, https://doi.org/10.1037/0033-295X.100.2.204.

2　Satoshi Kanazawa and Mary C. Still, "Is There Really a Beauty Premium or an Ugliness Penalty on Earnings?," *Journal of Business and Psychology* 33, no. 2 (April 2018): 249–262, doi: 10.1007/s10869-017-9489-6.

3　Laura Wood, "Anti-Aging Products Industry Projected to Be Worth $83.2 Billion by 2027 — Key Trends, Opportunities and Players," Research and Markets, Intrado Globe Newswire, July 24, 2020, https://

www.globenewswire.com/news-release/2020/07/24/2067180/0/en/Anti-Aging-Products-Industry-Projected-to-be-Worth-83-2-Billion-by-2027-Key-Trends-Opportunities-and-Players.html.

4 Yong Liu, Janet B. Croft, Anne G. Wheaton, Dafna Kanny, Timothy J. Cunningham, Hua Lu, Stephen Onufrak, et al., "Clustering of Five Health-Related Behaviors for Chronic Disease Prevention among Adults, United States, 2013," *Preventing Chronic Disease* 13 (May 2016): 160054, http://dx.doi.org/10.5888/pcd13.160054.

5 Eric N. Reither, Robert M. Hauser, and Yang Yang, "Do Birth Cohorts Matter? Age-Period-Cohort Analyses of the Obesity Epidemic in the United States," *Social Science and Medicine* 69, no. 10 (November 2009): 1439–1448, doi:10.1016/j.socscimed.2009.08.040.

6 S. Jay Olshansky, Douglas J. Passaro, Ronald C. Hershow, Jennifer Layden, Bruce A. Carnes, Jacob Brody, Leonard Hayflick, et al., "A Potential Decline in Life Expectancy in the United States in the 21st Century," *New England Journal of Medicine* 352, no. 11 (March 2005): 1138–1145, doi:10.1056/NEJMsr043743; Steven H. Woolf and Heidi Schoomaker, "Life Expectancy and Mortality Rates in the United States, 1959–2017," *Journal of the American Medical Association* 322, no. 20 (November 2019): 1996–2016, doi:10.1001/jama.2019.16932.

7 National Academies of Sciences, Engineering, and Medicine, *Social Isolation and Loneliness in Older Adults: Opportunities for the Health Care System*, 2020, https://www.nap.edu/catalog/25663/social-isolation-and-loneliness-in-older-adults-opportunities-for-the.

8 Loneliness and Social Isolation Linked to Serious Health Conditions," Alzheimer's Disease and Healthy Aging, Centers for Disease Control and Prevention, https://www.cdc.gov/aging/publications/features/lonely-

older-adults.html.
9 James E. Lubben and M. W. Gironda, "Centrality of Social Ties to the Health and Well-being of Older Adults," in *Social Work and Health Care in an Aging World*, ed. Barbara Berkman and Linda Harooytan (New York: Springer, 2003), 319–350.
10 James S. House, "Social Isolation Kills, but How and Why?," *Psychosomatic Medicine* 63, no. 2 (March 2001): 273–274, doi: 10.1097/00006842-200103000-00011.
11 National Academies of Sciences, Engineering, and Medicine, *Social Isolation and Loneliness in Older Adults*.
12 House, "Social Isolation Kills."
13 Nicholas G. Castle, John Engberg, and Aiju Men, "Nursing Home Staff Turnover: Impact on Nursing Home Compare Quality Measures," *Gerontologist* 47, no. 5 (October 2007): 650–661, doi: 10.1093/geront/47.5.650.
14 Corinna Vossius, Geir Selbæk, Jurate Šaltytė Benth, and Sverre Bergh, "Mortality in Nursing Home Residents: A Longitudinal Study over Three Years," *PLoS One* 13, no. 9 (September 2018): 1–11, doi: 10.1371/journal.pone.0203480.
15 Jennifer Casarella, "Dealing with Chronic Illnesses and Depression," WebMD, September 27, 2020, https://www.webmd.com/depression/guide/chronic-illnesses-depression#1.
16 Thomas F. Hack and Lesley F. Degner, "Coping Responses following Breast Cancer Diagnosis Predict Psychological Adjustment Three Years Later," *Psycho-Oncology* 13, no. 4 (June 2003): 235–247, doi: 10.1002/pon.739.
17 "U.S. Breast Cancer Statistics," BreastCancer.org, last modified

February 4, 2021, https://www.breastcancer.org/symptoms/understand_bc/statistics.

18 Veena Shukla Mishra and Dhananjaya Saranath, "Association between Demographic Features and Perceived Social Support in the Mental Adjustment to Breast Cancer," *Psycho-Oncology* 28, no. 3 (January 2019): 629–634, doi: 10.1002/pon.5001.

19 Jeana H. Frost and Michael P Massagli, "Social Uses of Personal Health Information within PatientsLikeMe, an Online Patient Community: What Can Happen When Patients Have Access to One Another's Data," *Journal of Medical Internet Research* 10, no.3 (May 2008): e15, doi: 10.2196/jmir.1053.

20 Paul Wicks, Michael Massagli, Jeana Frost, Catherine Brownstein, Sally Okun, Timothy Vaughan, Richard Bradley, and James Heywood, "Sharing Health Data for Better Outcomes on Patients like Me," *Journal of Medical Internet Research* 12 no. 2 (June 2010): 117–128. doi: 10.2196/jmir.1549.

21 Iroju Olaronke, Abimbola Soriyan, Ishaya Gambo, and J. Olaleke, "Interoperability in Healthcare: Benefits, Challenges and Resolutions," *International Journal of Innovation and Applied Studies* 3, no. 1 (April 2013): 262–270.

22 The Clinical and Business Imperative for Healthcare Organisations, "Strategic Interoperability in Germany, Spain and the UK," 2014, https://www.digitalhealthnews.eu/download/white-papers/3947-strategic-interoperability-in-germany-spain-and-the-uk-the-clinical-and-business-imperative-for-healthcare-organisations.

23 Hannah Crouch, "Greater Manchester, Wessex and One London Selected as LHCREs," Digital Health, May 23, 2018, https://www.digitalhealth.

net/ 2018 / 05 / greater-manchester-wessex-and-one-london-lhcre.
24 "Enterprise Imaging Solutions," Watson Health, IBM, https://www.ibm.com/watson-health/solutions/enterprise-imaging.
25 Owen Hughes, "Tech Giants Make Interoperability Pledge for US Health Data," Digital Health, August 17, 2018, https://www.digitalhealth.net / 2018 / 08 / tech-giants-make-interoperability-pledge-for-us-health-data.
26 "AWS Data Exchange," AWS Marketplace, Amazon, https://aws.amazon.com/data-exchange.
27 "Coronavirus (COVID-19) Data Hub," Tableau, AWS Marketplace, Amazon, https://aws.amazon.com/marketplace/pp/prodview-a5mqede4xd4c4?qid=1609113770043&sr=0-1&ref_=srh_res_product_title.
28 "Standards Development Organizations," Office of the National Coordinator for Health Technology, HealthIT.gov, https://www.healthit.gov/playbook/sdo-education/chapter-2.
29 "Interoperability in Healthcare," Healthcare Information and Management Systems Society, https://www.himss.org/resources/interoperability-healthcare.
30 "HHS Finalizes Historic Rules to Provide Patients More Control of The Health Data," US Department of Health and Human Services, March 9, 2020, https://www.hhs.gov/about/news/ 2020 / 03 / 09 /hhs-finalizes-historic-rules-to-provide-patients-more-control-of-their-health-data.html.